社交心理学活学活用

王月升◎编著

中国纺织出版社

内 容 提 要

社交是一种社会活动，作为社会人，我们不可避免地要与周围的人打交道，因此，懂得社交心理对于建立良好的人际关系十分重要。

本书从举止礼仪、说话技巧、气场提升、为人处事、谈判应酬等多个方面进行阐述，对生活中可能出现的种种社交心理做了具体地分析，并提供出最简便实用的应对技巧。内容丰富，语言清新明快，侧重实用，希望能够帮助大家找到新的自我定位，让每个人都能轻松掌握社交心理学，不用再为社交发愁。

图书在版编目（CIP）数据

活学活用社交心理学 / 王月升编著. —北京：中国纺织出版社，2017. 12
ISBN 978-7-5180-4253-1

Ⅰ.①活… Ⅱ.①王… Ⅲ.①心理交往—社会心理学—通俗读物 Ⅳ.①C912.11-49

中国版本图书馆CIP数据核字（2017）第264797号

责任编辑：闫　星　　特约编辑：李　杨　　责任印制：储志伟

中国纺织出版社出版发行
地址：北京市朝阳区百子湾东里A407号楼　邮政编码：100124
销售电话：010－67004422　传真：010－87155801
http：//www.c-textilep.com
E-mail：faxing@c-textilep.com
中国纺织出版社天猫旗舰店
官方微博http：//weibo.com/2119887771
三河市延风印装有限公司印刷　各地新华书店经销
2017年12月第1版第1次印刷
开本：710×1000　1/16　印张：14
字数：226千字　定价：36.80元

前　言

生活在社会上，我们要做很多很多的事情，我们每个人既相同又不同，我们每天都在忙忙碌碌地生活，都要面对一系列的问题。出门和别人交际、在家和家人相处、在办公室和同事共事、上班、投资、做生意……

同样是生活，为什么有些人过得逍遥洒脱、满面春光，而有些人却是处处不顺心、忧愁苦恼呢？为什么有些人做起事情来游刃有余，而有些人做起事情来却是处处碰壁？其实，这主要是因为他们不懂交际，更不知如何运用心理技巧在交际中站稳脚跟。

那些在人际关系中出现问题的人，多多少少都会存在一些与人交往的心理障碍。在与人交往的时候，他们通常会更多地表现出自负、自卑、多疑、嫉妒等消极心理，从而导致了人际交往中的次次挫败。因此，为了解决社交中的困惑，研究人际关系的心理学就应运而生了。

拿破仑·希尔指出："有魅力的人，人人都爱和他交友。和有魅力的人相处总是愉快的，他好像雨天的太阳，能驱除昏暗。人人都乐于为他做事，他也能让一个人做别人做梦都想不到他愿意做的事。一个人能否成功与他是否有个人魅力有密切的关系，那些能够成功地创造财富的人往往拥有招财进宝的个性。良好的个人魅力是一种神奇的天赋，就连最冷酷无情的人都能受到他的感染。"魅力从何而来？魅力来自一个人的修养、学识、能力、处世、人品……

一个人如果不会社交，就无法传达自己的魅力；一个人如果不懂心理，就不会塑造自己的魅力，那他是很难谈得上魅力四射的。在这个世界上，只有那些擅长于社交的人才会通过自己的笑脸，通过自己的三寸不烂之舌，通过自己胜人一筹的社交本领，更有机会获得成功。

要想让自己的社交更顺利，最应该掌握的是和不同人打交道的人际交往策略。如果你想你的家庭能够幸福美满，那你就应该学会温暖爱的小窝；如果你想在工作中不断高升，你就应该明白如何与领导打交道；如果你想和同事和谐相处，那你就应该知道职场相处的法则；如果你想和朋友保持永久亲密，你就应该懂得如何浇灌友谊之花；如果你想在竞争中不断前进，就应该知道如何和对手相处。知道了这些知识，并将其运用好了，你才能更有效地和他人交往。

大千世界，瞬息万变，五光十色的人生充满着各种酸甜苦辣。对每一个人来说，如果能够掌握成功社交的法则，学会各种处世哲学，缓和矛盾，处理好人际关系，便能将痛苦化为欢乐、失败化为成功、哀伤化为喜悦。学好社交心理学，势在必行。

本书涉及生活中常碰到的一些社交难题及处世的合适方法。但是社交始终是一件需要真枪实践的事情，光靠理论是不够的。所以，书中加入了大量案例，让读者通过案例学习成功者的处世法则。大家应该明白，一个人的成功与他们高超的处世手段和丰富的社交经验是分不开的。

一个人完美的社交能力不是与生俱来的，我们完全可以通过后天的学习和历练使自己能言善辩、处世自如。所以，从现在开始培养自己的社交能力吧，相信日后的你一定会成为交际场上的高手！

王月升

2017年4月

目 录

序 篇 你有人际关系方面的烦恼吗

第二篇 交 往

第三篇 策 略

第四篇 职 场

序 篇

你有人际关系方面的烦恼吗

人际关系问题，你是否很烦忧

丽丽大学时读的是数学系，由于性格内向，不善交际，不仅在班上没有朋友，而且还被许多人误会过。丽丽的内心充满矛盾和烦恼，凡事往坏处想的时候多，常常是自寻苦恼，同时她经常感到迷惘和失望，时不时地给自己增加心理压力。

后来，丽丽结婚了，但是她还是这样的性格。她的一位单身好友小罗常去丽丽家玩，并与她老公阿龙聊得很挺投机，每次聊完后，如果晚了，丽丽还会主动让阿龙送小罗。这样的生活差不多持续了一年。

有一次，丽丽小两口来到小罗家里坐客，午饭之后，丽丽让阿龙先走，自己有点事待会走。之后，丽丽便向小罗讲了一堆让小罗缓不过劲儿来的话："小罗，我想问一下，你是不是喜欢上阿龙了啊？这段时间以来，我发现你跟他走的很近，而且你们在一起非常投机，当你们如此亲近的时候，请问你考虑过我的感受吗？阿龙也知道我难过的原因，可是他的脾气很执拗，就是不承认，觉得自己什么也没做错，所以他不愿意收敛什么。我真的非常心痛，我只能跟你坦言了。"

此刻，小罗简直是蒙了，她完全没想到丽丽竟然说出这些的话，竟然如此误会自己，她不知道自己在丽丽心里竟然如此龌龊。小罗很无语，她说："丽丽，想不到你竟然这样看待我和龙哥，我很惊讶，也很失望。我和龙哥只是同行而已，每次咱们一起说说笑笑，只是朋友，我因为与你亲近，才觉得大家直接相处自然一点没什么。或许我性格比较直爽，让你误会了什么，但是我只想说，你想多了。"话虽是如此说，但小罗从此再也不敢轻易地去丽丽家了，丽丽也失去了唯一的女性朋友。

很多人不懂交际，于是在处理人际关系方面特别苦恼，很容易因为自己的狭隘思想或者是行为举止得罪于人，其实，丽丽就是这样一个例子。

很多人曾发出这样的心声："我现在感到很孤独、寂寞，在学校同学们都不愿意和我交往，课间也没有人约我一起玩""我在公司很无助，遇到问题也没人帮忙，跟人亲近也不知道如何交谈""我面对客户非常紧张，不知道如何交谈才能拿下这笔生意""我与孩子隔阂太深，孩子总是不听我的劝告，他的生活我总是一无所知"……

其实，这都是一些交际的苦恼，因为不懂得交际规则，不懂得为人处事，所以他们总是陷入困境。所以说，懂点交际技巧是非常重要的，懂点心理策略也是一项必备技能。

总之，尽管人心难测，但其喜怒好恶总会在一定条件下显露出来，游说者要善于营造足以导致对方泄露其情的环境，然后察言观色，投其所好以试探，从而掌握对方心理。反之，不讲策略，不讲技巧，仅凭主观随意性与对方周旋，只能碰得头破血流。

不好意思开口和人说话

有很多人在要说话的场合面红耳赤，胆战心惊得一句话也说不出来，我们戏称这个是"说话恐惧综合征"。其实这是一个属于心理学范畴的问题，患有这个病的人主要就是因为克服不了心里对说话的恐惧。朋友们，试想一下，如果你连话都说不好，那你如何与人打交道？如何好好地工作与生活呢？所以说，及时克服这种心理，你才能恢复好的生活。

阿霞就陷入了不敢说话的苦恼中，在工作中进退两难。

阿霞是个性格内向的女孩，在学校里一直寡言少语，但在那个学习成绩决定大家能否毕业的时候，她的沉默和努力成就了她，阿霞的成绩一直都很优秀，最后她顺利从大学毕业，同时和家人介绍的男友结婚了。不久，阿霞就有了宝宝，因此她一直没有出去工作，全心全意地守在家里围着宝宝转了3年。后来宝宝上了幼儿园，家人帮阿霞在电视台找了一份工作。在这个喧闹繁杂的工作环境中，她看别人忙得风风火火，谈天说地好不热闹，阿霞也想加入进去，但内向的她就是不知怎么张口，不知该说什么话。她也不会在公共场合，如部门会议的发言中展示自己。就这样几个月过去了，她一直默默无闻，没有朋友，工作也没有什么业绩，她感到焦虑不安，心里只剩下一个念头：逃离这个工作岗位。

像阿霞这样的人在我们周围大有人在，很多人因为性格的原因，无论何时遇见陌生人时，心里都会七上八下，不知怎样才能打开话匣子。

“沉默是金”“羞答答的玫瑰静悄悄地开”“君子当讷于言而敏于行”的时代已经成为过去，当今时代呼唤有口才的人才，呼唤用口才改变自己的命运。所以，每个人都应当大胆地表达自己，信心十足地在众人面前展示自己，做一个敢想、敢说、敢做的合格人才。

朋友们，如果想克服演讲的紧张心理，不妨先弄清自己为什么害怕当众说话，只要对症下药，只要肯多下工夫，就会把它变成一种助力，而不是一种阻力了。

难以与人建立亲近的关系

职场招聘中，不少企业在招聘的过程中都会关注这样一个问题，你具备团队精神吗？因为团队精神是一个人亲和力的表现。宣传活动中，不少企业、基金会、机构都会推选亲善大使来做宣传推广，在活动中也要评选最具亲和力奖。“亲和效应”在现代社会确实已经举足轻重了。

海乐是一个热情的人，也是一个刚进入公司不久的新人。

海乐的爸妈都是做生意的，一直以来，对于生意场上的那些处事方法他都有所耳濡目染。走入职场以后，他从小接触的这些给他带来了很大的帮助。在社交方面，他很有自己的方法，能力很快就获得了大家的认可。

作为公司的一名销售，海乐需要经常出差，和不同的人打交道。海乐的嘴甜，即使是对第一次见面的陌生人，他也能侃侃而谈，迅速与人变得亲近，给对方留下一个好的印象。因为这个特点，他有机会认识更多的人，顺利地拓宽了自己的业务范围。

有一次，海乐接到一个很大的单子。客户之所以选择海乐这家公司，原因特别简单，就是因为他们在第一次和海乐接触之后，就对海乐留下了很深的印象，觉得跟他交谈非常亲切。在一家酒店里，客户又一次遇到了海乐。海乐不但能够准确叫出他们的名字，还记得他们公司的特点。这一点让客户觉得自己特别受重视，他们很快就和海乐所在的公司展开了合作。

海乐对这个结果感到有一点儿意外，在他看来，自己当时只是奉行着主动热情的一贯作风。很快，海乐就成为公司的一个地区代理。这对于他来说，事业上已取得了很大的进步。

朋友们，很多人都烦恼交际，有一部分原因是他们不懂得与人亲近，每次交谈都是冷冰冰的，也不知道如何热情的与对方攀谈，试想一下，如果你是对方，你愿意与这样的人合作吗？想必答案也是否定的。

如果你不懂得如何亲近他人，那就先试着做一个喜欢微笑的人吧。对待他人，多点微笑，就会多一点暖意。微笑可以融化人们之间的陌生和隔阂。当然，这种微笑必须是真诚的，发自内心的。微笑将为你打开通向友谊之门。如果我们想要发展良好的人际关系，保持积极的心态，那么我们一定要懂得真诚和发自内心的微笑。

有些人身边总是纷争不断

小敏和陈哥是一对小夫妻，他们两个人虽然感情非常好，但是他们的脾气都非常暴躁，总是因为鸡毛蒜皮的小事吵来吵去。最近一段时间，丈夫的工作不够顺心，所以脾气更加不好。周末那一天，小敏在家里忙着做家务，陈哥则在客厅沙发上看电视，虽然小敏已经很累了，但是知道丈夫最近心情不好，所以默默忍受着，一个人独自忙着。

可是，在整理房间的过程中，发生了一件不愉快的事情：小敏不小心把陈哥最喜欢的那个瓷器摆件给打碎了。当时小敏吓了一跳，非常紧张。这时，本来失落的陈哥一下子火了起来，张口大骂小敏。小敏本来就很委屈，索性也爆发了，两人就这样争执了起来。

争吵变得一发不可收拾，矛盾愈演愈烈，最后两人拳脚相向，失去控制的两人打碎了家里很多东西。等两人回过神来的时候，一切都已经晚了，不仅东西无法复合，而且两人的感情也出现了难以愈合的裂缝。最终，小敏和陈哥感觉性格不合，走向了离婚的道路。

吵架，是生活中很正常的事情，但是你也应该有个底线，否则后果一发不可收拾。如果彼此懂得谦让，懂得为对方着想，懂得改改自己的臭脾气，懂得用心去维护彼此的感情，那么，很多矛盾就不会升级，很多悲剧也不会出现，你的身边也会少一些争吵，多一个朋友。我们无需评论谁对谁错，生活中很多事情是无需讲道理的，只要做好自己，尽力提升自己的修养，少一点责备与自私，或许，我们的交际会更为顺畅。

在生活中，我们与其他人难免会发生一些摩擦和误会，如果肩上扛着仇恨、心中装着仇恨，那么生活就如负重登山，举步维艰。最后，只会因为无休止的争吵，把自己的路堵死。生活的经验告诉我们，不管我们的理由如何，争吵总是不值得的。

可是，又有几个人知道，这样的人其实心里并不好受。因为他们总要与别人争论，心里充满了愤恨，因此心态自然波动异常，终日生活在急躁之中。

不仅如此，他的这种行为还会招致他人的嫉恨与疏远，无形中为自己埋下了祸根。

脾气急躁、爱惹是生非的人往往给人留下一种爱出风头、爱争执的印象，遇到任何跟自己的意见相左的观点时总是喜欢作一些争执，非要分出一个高下。无谓的争执会给人不好相处、强势的印象，所以，在与人交流的过程中，一定不要过于执着、誓死分出高下。

在社会中，我们应该拥有一种健康的心态，去面对生活中各种争执，赶走困扰我们的妥协。只有拥有一种健康的心态，做自己情绪的主人，才能在困难来临之际不会退缩，在取得成功之时不会骄傲，才能赶走生活中的各种困扰。

第一篇

初　识

第01章　相遇相识，人际关系从初次见面时开始

当你见到陌生人的时候，会主动开始谈话吗？当你不得不和陌生人交谈时，你会为了不知道说什么而局促不安吗？在和不够熟悉的人聊天时，你们的话题是否经常中断？你们是否无法快乐地交谈，只是礼节性地应酬一番？朋友们，勇敢出击，把握聊天的主动权，才会让你的感情和事业处于不败之地。人际关系从“相遇”开始，你准备好了吗？

请相信第一印象的神奇魔力

很多人都说：“不要以书的封面来判断其内容。”但是，大部分的人都是首先以书的封面来判断其内容的，包括你和我。我们不可能读完一本书后再决定是否去买它。人际间的第一印象也是如此，往往几分钟就会形成偏见。第一印象只有一次，无法重来。所以，大家一定要抓住机会，把自己最美好的一面呈现在他人面前。

孔子有许许多多弟子，其中有一个名叫宰予的，能说会道，利口善辩。他开始给孔子的印象不错，但后来渐渐地露出了真相：既无仁德又十分懒惰；大白天不读书听讲，躺在床上睡大觉。为此，孔子骂他是“朽木不可雕”。

孔子的另一个弟子子羽，是鲁国人，比孔子小三十九岁，体态和相貌很丑陋。孔子开始认为他资质低下，不会成才。但他从师学习后，回去就致力于修身实践，处事光明正大，不走邪路；不是为了公事，从不去会见公卿大夫。后来，子羽游历到长江，跟随他的弟子有三百人，声誉很高，各诸侯国都传诵他的名字。

孔子听说了这件事，感慨地说：“我只凭言辞判断人品质能力的好坏，结果对宰予的判断就错了；我只凭相貌判断人品质能力的好坏，结果对子羽的判

断又错了。”

众所周知，礼节、相貌与才华绝无必然联系，素以善于识人而著称的孔子尚不能避免这种偏见，可见第一印象的影响之大。有的人不谙此道，不太注重给人的“第一眼”印象，因此而吃亏。

瑶瑶和男朋友陈航相恋三年，已经到了谈婚论嫁的阶段。一天，陈航的爸妈提出要见一见瑶瑶。瑶瑶本来就是个十分腼腆的女孩，听说要见未来的公婆，心中更是紧张万分。更糟糕的是，在准备晚餐时出了一点意外，原计划的时间远远不够用，结果，当陈航的爸妈进门时，瑶瑶还在厨房里忙活。

“惨了惨了，好印象肯定没了！”瑶瑶在心中懊悔地责怪自己。

好在陈航爸妈还算通情达理，吃饭时并没有露出不满的脸色。临走时，陈航爸妈表示，他们对未来儿媳很满意。陈航见瑶瑶疑惑，伏在她的耳边说：“主要是你在厨房里忙活的样子，给他们二老留下了极好的印象，当场就对我说‘这个媳妇儿好！’”就这样，瑶瑶和陈航很快就在家乡完婚了。

在人际交往中，第一印象十分重要。你永远没有第二次机会创立第一印象。如果你在第一次交往中给人留下好的印象，别人就会乐于跟你进行第二次交往。相反，如果你在第一次交往中给人的印象很差，往往很难改变你给他人留下的不好印象，除非你付出相当大的努力去改善。

那么，如何赢在第一印象呢？这就要从你生活的方方面面着手了。虽然各花入各眼，很多人的喜好是不一样的，但是一切事物也是有规律可循的，我们不妨从以下几点入手：

1.表情要亲切

在第一次与对方面谈时，如果你的做法很客套，过于客气，反而会造成紧张气氛，而紧张的气氛往往无助于谈话目的的达成，适度的微笑可以有效地缓解气氛。微笑时应大方得体，不做作，不应用手捂嘴大笑。

2.注重行为举止和仪表

得体的仪表、高雅的举止、和蔼可亲的态度等是个人品格修养的重要部分。在一个新环境里，别人对你还不完全了解，过分随便有可能引起误解，产生不良的第一印象。当然，仪表得体并不是指用名牌过分地修饰自己，因为这样反而会给人一种轻浮浅薄的印象。

3.不可失礼节

中国是一个礼仪之邦，自古以来，人们就十分重视礼节，它是一个人内在的文化素养及精神面貌的具体表现。讲究礼节的基本原则就是真诚、热情、自信、谦虚。在销售中记住这个规则，就一定会给客户留下很好的印象。

社交心理策略

我们常听人讲：“一看就知道他是一个……样的人。”这就是第一印象，这所谓“一看”无非只有几秒钟时间。第一印象在人的社会影响力中起着太大的作用，但常常被人们忽视。如果你不想丢失任何成功的机会，别忘记第一印象的作用。

千万不要忽视了自己的外表

人首先是视觉动物，然后才是感情动物。这在爱情中的初级阶段中表现得尤为突出。当你出现在一个人的面前，对方首先注意的是你的外表，并在心里默默地为你打分数。装扮得体而美丽的你，必定能赢得高分，而过分随意甚至邋遢的你，只能被宣告不及格。所以说，每天出门前先仔细打量一下自己的外表，不要因为一时的疏忽而输在衣服的选择上。谨慎地选择见客户时的服装，为自己的外表加分，更为客户对你的信任加分。

在整个公司中，王子莹接到的订单最多，平日的工作中有客户前来看房子也大多会主动走到王子莹的身边来咨询。不可否认她是一个业务素质过硬的房产经纪人，但是王子莹却觉得内外兼修才是最好的。素质属于内因，外因则是一个人的整体形象，也就是所谓的销售礼仪。我们说“佛靠金装，人靠衣装”，这句话生动地将外在形象的重要性体现了出来。

再来看看王子莹，她非常注重自己的言行举止，在举手投足之间都透露着房产经纪人的专业和热情，在着装打扮上更是有讲究：朝气蓬勃的年龄拒绝任何浓妆艳抹，一套工装整洁干练，头发高高扎起，指甲干净，略施淡妆，常常面露微笑，看起来既有亲和力又不乏端庄成熟的气质，没有丝毫的轻浮之感。因此，她从外在形象上就容易获得客户的信任。第一印象不错，在打交道的过程中更能够为自己不断增分，这样一来销售中的阻碍也会降低。即便客户最后没有签单，也会对她留下较为深刻的印象，可见外表果然是隐藏在工作中的“通行证”。既然如此，我们还有什么理由忽视外表的重要性呢？

所以说大家一定要记得，在办事前先把自己的仪表、形象修饰好。“欲把西湖比西子，浓妆淡抹总相宜。”只有掌握了修饰美的“修饰即人”的指导思想及“浓淡相宜”的美学原则，才能使美的修饰映照出一个人蓬勃向上的精神风貌，才能帮助我们提高办事能力。

很多事实也证明，一个人的外表确实能反映他的内心。比如一个喜欢穿亮色衣服的年轻人，他多半很活泼，朋友很多，性格开朗；而一个喜欢穿黑色或者暗色衣服的人，他多半比较内向，更喜欢独处。那么，如果你想给对方留下一个好的印象，你知道怎么修饰自己的外表吗？

1.好的姿态示人

姿态是无声的语言，它在人开口说话之前就传递出了信息。姿态能表明是否对他人有兴趣，是否在意他人的看法，而这种态度对于人际交往也是至关重要的。萎靡不振、漫不经心或者冷漠是一个人交际中的大忌，精气神是你增强威慑力的法宝。

2.穿着打扮分场合

不同的场合有不同的服饰要求，只有与特定场合的气氛相一致、相融合的服饰，才能产生和谐的审美效果，实现人景相融的最佳效应。此外，正式场合应严格符合穿着规范。比如，男子穿西装，一定要系领带，皮鞋锃亮等；女子如果穿长筒袜，袜子口不要露在衣裙外面。

3. 养成清洁的习惯

一个人越早地养成清洁的习惯，才会越快地习惯成自然。清晨起床后，不能像猫洗脸那样一抹了事，仅仅马马虎虎地洗洗手、洗洗脸。如果早起五分钟，从上到下通通洗一洗，就不会感到疲劳，整天会周身爽快、朝气蓬勃，工作起来也会十分起劲。

4.呈现最好的气质

戴尔·卡耐基曾评价一位女士说："你的粗俗将会毁了你的幸福。我要告诉你的是，只有举止优雅的女人，才会赢得男人的尊重和爱。"优雅，表现了女人的修养和内涵，她们在举手投足之间会使人觉得恰到好处，分寸得当。此外，男士也要注重培养自己的风度。

社交心理策略

聪明的你何不借着适当的穿着让你的魅力得以彰显，同时也让杰出亮丽的外表与独一无二的内在相互辉映，甚至在别人见到你的第一眼时就建立起对你的信赖与器重，达到表里如一、内外兼美的目的。

让微笑时刻挂在你的脸上

元亮大学毕业后只身来到广州。偌大的城市对于元亮来说，既是陌生的又充满着说不出的吸引力，一直以来这里就是他梦想的所在地。随后元亮就在广州安顿下来，开始了自己的求职生涯。元亮在网上投了许多简历，有一天一家公司给他发来了面试的通知。让他高兴的是，他在众多竞选者中脱颖而出，被公司录取了。

工作后的一次偶然机会，元亮问他的顶头上司杨经理，为什么会在那么多参加应聘的求职者中聘用他。杨经理的回答有些出乎元亮的意料："你是一个自信的人，你的脸上时刻挂着自信的微笑，你的微笑感染了我，通过微笑，我能看到你有一种其他求职者所不具有的自信。"

元亮在平常的工作中也总是一脸的微笑，无论是对领导还是自己的同事，他都会用善意的笑容来面对大家，很快他就跟同事们打成一片了。

笑是人类的特权，也是人的宝贵财富。微笑是自信的标志，也是礼貌的象征。人们往往会依据你的微笑来获取对你的印象，从而决定对你所需要办的事情的态度。只要我们都献出一份微笑，人与人之间的关系将会更加融洽，人与人之间的沟通也将会变得更加容易。

王晗是某家公司新来的经理，她非常有工作能力，但是奇怪的是，这次面对这些新面孔，她好像有点束手无策。王晗发现，只要她在场开会，参会人员都不愿发言，一副很紧张的样子。王晗心里很奇怪，通过了解，她明白问题出在自己身上，由于她总是板着脸，太严肃，所以大家都非常害怕她。之前的领导一直非常亲切，这次一转变，员工都不知如何应对了。

情况大致都了解了，王晗决心做出改变。每天早上，王晗对着镜子练习微笑，并在所有可能的场合谈笑风生。之后没多久，王晗在场的会议有了很大改观，大家都积极发言，气氛活跃。对此，王晗深有感触地说：“真没想到，上级的笑容竟然对于手下人来说如此重要。”

通过这个案例我们不难看出，微笑有着强大的力量。对领导者来说，团队内部良好人际关系的建立可以用微笑作为润滑剂而实现。

微笑是世界上最美、最动听的语言。古希腊哲学家苏格拉底曾说：“在世界上，除了阳光、空气、水和微笑，我们还需要什么呢？”可见，微笑同生活中的阳光、空气、水分一样重要。它能够让我们的生命充满力量，让我们的生活焕发光彩，成为人与人之间最美的存在。

微笑，有着巨大的力量，一个时刻挂着笑容的人，一定会更为幸运。

1.微笑，更容易打动一个人

人是很容易被感动的，而感动一个人靠的未必都是慷慨的施舍和巨大的投入。一个热情的问候、温馨的微笑，都足以在人的心灵中洒下一片阳光。如果你要改变说话的效果，就先从改变那副板着的面孔，露出一个微笑开始。

2.微笑，更容易让人走近你

不要低估了一句话、一个微笑的作用，它很可能使一个不相识的人走近你，甚至爱上你，成为你开启幸福之门的一把钥匙，成为你走向柳暗花明之境的一盏明灯。有时候，人缘的获得就是这样“廉价”而简单。

3.微笑，更能赢得他人的好感

当你在社交场合中遇到陌生人，对其微笑时，你所散发出来的气场就会呈现出一种温合的状态，具有极强的亲和力，可以瞬间赢得对方的好感。这一点，在服务行业的表现尤其明显。

4.微笑，更让你顺利、开心

人在微笑的时候往往是最美丽的，你对着镜子看到自己微笑的样子，是不是会开心起来？其实，世界就是一面镜子，你对它微笑，它就会回报你微笑，到最后，你会发现整个世界都在对着你微笑，你的人际交往也就会顺顺利利、开开心心的。

社交心理策略

微笑，实际上是一种社交手段。在交际过程中，不管对方语气如何咄咄逼人，甚至遭到严词拒绝，只要一方以微笑面对另一方，就不会引起面红耳赤或暴跳如雷的结果。俗话说：举手不打笑脸人。这种微笑并无攻击对方之意，且有助于缓和矛盾。

初次见面，请注意你的口头禅

王刚以前工作忙碌的时候总喜欢说“等一下哈”，慢慢地，这句话就成了他的口头禅，于是便发生了一些让人不愉快的一幕：王刚的闺女上小学了，第一天上学是王刚的妻子去送的闺女，下午妻子有事，让王刚去接闺女，由于这是第一次见班主任，王刚的妻子一直叮嘱他下午早点去，问问闺女的表现如何。但是，王刚还是迟到了，他闺女小学班主任打来电话埋怨说：“王先生啊，其他同学都已经被家长接走了，您到底啥时候才能过来接您的孩子啊？我现在有事不能久留，您能快点吗？”王刚张口就回答：“等一下哈。”话一开口，班主任老师急得不知说什么好了。可见，这句口头禅在一个人的第一印象中留下了不好的一点。

后来王刚也觉察到了这一点，便有意识地将自己的口头禅换成了“行，没问题，放心好了！”

有一次公司任务紧，领导过来找王刚，问他最近能不能忙里偷闲地再接个案子，王刚自信满满地说了句："行，没问题，放心好了！"话一说完，王刚自己就傻了，因为自己根本没有时间去做新的任务。对此，王刚懊悔不已，并暗暗下定决心要摒弃那些不良的口头禅，否则会对自己产生极大的不良影响。

口头禅带来的危害是显而易见的，原本通顺的一句话因为口头禅的加入变得让人难以理解，使沟通效果下降。有时候由于不注意自己的口头禅，会给对方留下不好的影响。很多口头语很强硬、刺耳，也容易引起对方的反感。

米琳在某公司做业务员，她对待工作认真负责，对待同事热情而又有礼貌，但是有一点很令领导担忧，米琳的签单率非常低。每次给客户打电话对方都不耐烦，拜访客户的时候也不受欢迎，米琳非常气馁，思来想去，她怀疑问题出在自己的口头禅上。

米琳也是在一次给客户打电话时，才发现自己总是动不动就说"随后呢"这三个字。纵然讲话的内容确实有个先后顺序，那也不一定句句都要加上"随后呢"。再说了，有些话语之间根本就不适合用"随后呢"来连接。米琳就自我分析了一下，然后就发现之所以总是说"随后呢"，多半是因为在说下一句之前，脑子出现了片刻的空白，无法自然流畅地衔接，于是"随后呢"就挺身而出。

从此后，米琳开始下意识地练习把不良口头禅扔得远远的，她的沟通能力果然提高了，签单量也提高了。

很多口头禅在心理上极易给人造成一种不舒服的感觉，尤其是在初次见面的时候，别人并不了解你这个人到底是怎样的，你要做的是维持好自己的形象，如果你总是一句一句地说口头禅，那么你就很容易让人感到反感。既然第一次见面就被你的不良习惯给毁了，那你还怎么期望对方与你交流下去呢？

口头禅并不是不可改掉的，只要你从心理上认识到它的危害，努力去改变，相信一定可以让自己的话语变得更顺畅，我们可以从以下几点来实践：

1.请求朋友为你录音，做好监督

让身边的朋友在你不知情的情况下帮你录音，然后反复听自己在说话的过程中有哪些词语反复出现并记在纸上，或者询问身边朋友的感受。让他们对自己进行监督，随时提醒自己。当自己不经意地说出不良口头禅时，旁边有人能够提醒，就会改变长期形成的习惯，杜绝不良的口头禅。

2.说话干净、利落

如果你是管理者，说话更要干净、利落、文雅，这不仅是交际的需要，也是培养个人良好谈话修养的要求。因此，管理者讲话最忌带不文雅的口头禅。口头禅是一种不良的语言习惯，它有失管理者的风度，所以必须坚决戒除。

3.下定决心，不容忍自己犯错

许一个改掉不良习惯的诺言，并忠于它，不以各种借口原谅自己。有人说：如果容忍自己的不良习惯一次，就能容忍一千次、一万次。因此，如果已经下决心改掉不良的口头禅，就必须坚定地“痛改前非”，绝不能原谅一次。

4.心态要好，不要紧张

保持心态的平和，放松心情，在与别人交流的时候不要急于表达自己的观点，尽量思考之后再说话。在没有把握的情况下尽量不说话，以免因为思路的中断而不得已使用口头禅。

5.严禁脏话口头禅

要改掉讲粗话脏话的不良习惯，需要严格要求自己，自觉地从自己的言行入手，讲究文明，树立良好的个人形象。世上无难事，只怕有心人。每天提醒自己，不要说粗话脏话，再加以抑制，相信你会成功！

社交心理策略

几乎每个人都有各自的口头禅，就像每个人都有不同的习惯动作一样。在不知不觉中，它已构成你个人形象的一部分，甚至是重要的一部分。你拥有某种气质的口头禅，你也就容易被人视为属于某种气质的人。所以说，想要避免在社交中给人留下不合适的印象，你还是戒除口头禅为妙。

你知道如何开始一个话题吗

生活中经常会发现这样的人，他们能够很快地与陌生人打成一片，见什么人都有话可说。由于他们在任何交际场合都能有说有笑，人缘极好，因此消息很灵通，在与人竞争时无形中就占了先机。他们之所以能成功，就是因为他们懂得如何开始一个话题，拉近彼此距离。

下面我们就来看一个具体的例子，看一下他们是如何和陌生人攀谈的。

一位穿着非常讲究的漂亮女生在一家金店的柜台前徘徊了好久，看到之后，店员晓月走了过去，说："美女，您有什么需要的吗？我可以帮您介绍一下。"

"哦，我就看看。"这位美女的回答明显缺乏足够的热情，可她仍然在仔细观看柜台里的陈列品。此时如果晓月找不到和顾客共同的话题，就很难营造买卖的良好气氛，可能会失去一笔生意。

这时，晓月看到了这位美女的裙子。这身裙子非常讲究，很时尚也很配她的气质，于是，晓月就说："美女，您的裙子真好看，非常符合您的气质！的确很时尚！"

"是吗？"这位美女的视线从一排排首饰台上移开了。

"之前没注意到有这样的款式，感觉是新款，您是在哪里买的呢？是附近那家名品服装店吗？"显然这是晓月设计的话题。

"不是的，咱们这里没有这一款衣服，这是我男朋友从国外给我买的。"这位美女终于开口了，并对自己的回答颇为得意。

"哦，怪不得，我还真没见过这样的款式呢，挺有气质的。说实话，您穿上这件衣服在这里一站，就感觉与众不同。"

"哦，是吗，谢谢。"美女有些不好意思了。

"其实，您应该也注意到了，您这件衣服需要搭配一点配饰，这样效果会更好的。"聪明的售货员晓月终于转向了主题。

"是呀，我也这么想，只是项链这种商品昂贵，我怕自己选得不合适……”

“如果您愿意，我可以帮您挑选一下，包您满意……”

于是，两个人开地的聊了起来，不一会，晓月就为这位美女选出了一条喜欢的项链。

善于寻找与陌生人之间的话题是作为一名社会人必备的交际能力。在与陌生人相处时善于交谈，能够有效地拓宽自己的交际圈，为自己的人生以及事业的发展奠定坚实的基础。

李敏敏是一家服装店的导购员。第一天上班的时候，走进来一位体形偏胖的女士。李敏敏赶紧迎上去说：“哎呀大姐，不好意思哈，我们这里没有孕妇装。”

“孕妇装？啥意思？你是说我是孕妇？”女士很不高兴地瞪了她一眼。李敏敏这才明白过来，赶紧解释说：“哦，实在不好意思，我看你肚子鼓鼓的，我以为你怀孕了。”

顾客一听更生气了，大声说：“小姑娘，你说的这是什么话，你故意的吧？这种头脑还卖衣服呢！”说完气呼呼地走了。李敏敏委屈地说：“我不过说了几句实话而已，至于发这么大的火吗？”

作为一名导购，说话是非常核心的问题，案例中的李敏敏不仅不会说好开头语，连基本的交流问题都掌握不好，这样怎能留住顾客呢？连顾客都留不住，怎么创造业绩呢？

一个合适的好话题是初步交谈的引子，是深度交谈的基础，是纵情畅谈的桥梁。衡量一个好话题的标准是：至少有一方熟悉，可以交谈；大家感兴趣，想谈；有展开讨论的空间，好谈。那么，如何找到这样合适的好话题呢？有这么几个角度可以考虑：

1.注意开场白

有些人说话是给自己听，别人的反应如何不在他们考虑之列，这样是无法进行有效沟通的。因此任何开场白都得要让对方接得下去。谈话前要考虑气氛好坏、关系深浅和自己的谈话目的，再来选择适当的谈话主题。

2.避免谈话禁忌

在与人交谈的时候，需要特别关注对方的特点，避开谈话双方的禁忌，避免进入“谈话雷区”，导致对方不悦的敏感话题也需要时刻注意避开。善于说话的人总是能找到“安全值”最大的话题，引起大家的谈论兴趣。

3.谈对方喜欢的话题

“闻道有先后，术业有专攻。”多向对方请教他所擅长的话题，此举可谓一举多得。一是表示尊重对方，表现出你谦虚好学的品德。二是给对方一个展现自己、发挥特长的机会。三是以静制动，尽量把话语权交给对方，做一个忠实的倾听者，这样的沟通会赢得对方的好感。

4.说说业余爱好

喜欢唱歌，或是跳舞？喜欢运动吗？喜欢听什么音乐？这些问题不能不问，不然你怎么知道他的兴趣爱好呢？而且他也希望展示自己，初次见面找这样的话题，一举多得的事，何乐而不为呢。

社交心理策略

沟通的技巧之一就是要懂得对方的心理，放松心情，简明地开启话题，并从共同的话题中，给对方留下深刻的印象与好感，这样你想拥有好人缘便不再是难事。初次见面，交际双方都希望尽快消除生疏感，缩短相互间的感情距离，建立融洽的关系，同时给对方一个良好的印象。这时候，选择一个合适的话题尤为重要。

第02章　举止礼仪，你的风度决定你形象的高度

举止是指人的动作和表情。日常生活中人的一抬手、一投足和一颦一笑，都可概括为举止。举止是一种不说话的“语言”，能在很大程度上反映一个人的素质、受教育的程度及能够被别人信任的程度，还关系到一个人形象的塑造，所以我们不可忽视。举止风度是行动的装饰，即使是最普通的办公室职员，只要他们行为得体、举止优雅，也能让人刮目相看。养成举止优雅的习惯，是为人处世的一种令人快乐的方式。在社交场合，人们不仅要注意自己的举止风度，而且更应该从理想、情操、思想和素质上努力完善自己、培养自己，使外在举止美的绚丽之花开在内在精神美的沃土之上。

送出真诚问候，为自己的形象加分

见到熟人或者接待客人，人们经常用“早上好”“晚上好”“见到你很高兴”，这其实就是一些比较普遍的问候语。人们一见面，问候是不可缺少的一个重要环节。我们在写信、打电话时，首先要向他人问好，还有遇见熟人相互打个招呼，像这些都是我们所说的问候。如何问候他人是一门艺术。问候得体，别人会很开心；不得体，会影响朋友间的关系，甚至会让朋友反目成仇。

林曦是北京一家电影公司的公关部经理。她面临着巨大的职业挑战，同时面对许多现实的东西，像人际关系的处理、家庭生活的和谐等，但她巧妙地使这些烦琐的事情顺畅起来。

比如，她的下属总会在某一个繁忙的下午突然收到一张上面写着诸如“你辛苦啦”“你干得非常出色”之类的小卡片。而在她丈夫生日的那一天，她总会努力举办一个家庭小舞会，而且是一个人事先布置好。就这样，在繁忙工作

的间隙，她并没有花太多的时间，却给他人送去了一份又一份快乐。

林曦对自己的这一做法解释说：“大家的节奏都那么快，大部分人都忘了一些最基本的问候，都认为这些是无足轻重的小节。其实正是这些细小的方面使人与人之间的情感变得不那么紧张。我就想：为什么我不能做得更好些呢？”

她又说：“一份小小的问候就能体现出一个人的真挚和诚意，使他人感到温暖。人与人之间渴望交流，而这些细小的方面是最能体现出你的那一份心意的。这是对我个人形象、风度的一种最佳传播。当他们看到那张卡片的时候，就一定会想起我，而且在他们心中隐含着对我的那一份谢意，会使他们认为我是一个完美无缺的人，他们总会想到我好的地方，不会注意我的缺陷。”

一句问候语往往包含了三种含义：我把尊重送给你、我把亲切感送给你、我十分珍惜我们之间的友谊。而当我们把这三种含义，通过一句问候语传递给对方时，表现出我们的热情、开朗、风度以及涵养。

“你好吗？”“早啊！”此类的问候语，能够使我们和他人之间产生和谐、友善、热情和尊重的气氛，就像“请”“谢谢”“对不起”一样，都能起到调节气氛的作用，表现出我们对他人的尊重和与人为善。总的来说，真诚的问候语是社交中必不可少的润滑剂。

问候是有讲究的，大家不妨仔细看看下面的注意事项：

1.避免急于传授你的道理

与人闲谈，重要的不是内容，而是交流情感的形式。最忌讳一上来就满口“之乎者也”地讲大道理、说正经事，给人留下炫耀的印象。与人闲谈，尤其是和关系还不太熟悉的人闲谈，最好做老生常谈。记住，人们在乎的不是你说什么，而是你说话的方式和态度。

2.灵活运用各种方式

打招呼的方式可以灵活机动，多种多样。有的可以问好、问安，有的可以祝福，有的可以握手，有的可以拥抱，有的点头，有的挥手、招手，有的微笑，有的喊一声，有的叹一声等。打招呼的时候，要根据当时的具体情况，表示出对他人的尊敬和重视。

3.称呼对方，懂得尊重

问候他人之际，少不了要以适当的方式称呼对方。在问候中省掉称呼，或是直接以“哎”来代替称呼，均不大合适。因为我们每个人都有被他人尊重的愿望，而称呼是否得体往往与对他人尊重与否紧紧联系在一起。

社交心理策略

相互间的问候是友好对话的基础。真心实意地去问候他人，能打开对方的心扉，使交流更加融洽地进行下去。在职场中，上下班从一声问候开始，以一声问候结束。先主动问候的一方，掌握了谈话的主动权。

守时，社交中最基本的礼貌

莎士比亚曾说：“不管饕餮的时间怎样吞噬着一切，我们要在这一息尚存的时候，努力博取我们的声誉，使时间的镰刀不能伤害我们。”在现代社会，只有守时的人才是受欢迎的。拿时间当儿戏的人，实际上在与机会擦身而过，最终伤害的其实是自己。不守时是一种不尊重他人的行为，这是不礼貌的，没有人愿意为等你而浪费时间，久而久之，你的朋友也会越走越远。

小梁是一位刚毕业的大学生，他是一位挺有能力的小伙子，但是他最大的缺点就是爱拖延，没有时间观念。有一次，小梁跟一家网络公司约好了面试时间。但到了面试那天，他未能准时赴约。过了约定的时间十分钟后，小梁才匆匆赶来。面试官问他迟到的原因，小梁支支吾吾地说：“哦，堵车，十分钟而已，应该不要紧吧？”

面试官很严肃地对小梁说：“一个没有时间观念的人是不会对工作负责的，因为他都不能做到对自己负责，而且不准时赴约是一种不礼貌的行为，表示你对对方的不尊重。你不能准时赶到，你已经失去了初试的机会。另外，我很不喜欢你说的‘十分钟而已’这句话，这代表着你对我时间的轻视，十分钟我能做很多事情，你没权利这样说话。”

受人欢迎的秘诀，首要一点就是要养成准时的习惯。路易十四说：“守时重信是君王的礼貌。”它是绅士的职责，并且对商人也是必不可少。没有什么东西可以比这种品质能更快地赢得别人的信任，也没有什么东西比缺少这种品质能更快地失去别人的信任。在工作中，守时会给领导留下好印象。领导对某人的工作满意，不仅仅是因为他做得好，更重要的是下属是可信的，而守时是用行动来证明自己的可信度的最好方法之一。

现在大多数年轻人都以“自由”二字来当作生活的准则，这样便让年轻人习惯了什么事情都以“自由”为标准，但是，在社交中，守时是非常重要的。守时就是遵守承诺，按时到达要去的地方。没有例外，没有借口，任何时候都得做到。如果你有很重要的特殊原因无法应约，那你也应该先做好准备，给对方一个通知，并且不要忘记说一声抱歉。朋友们，不要小看你的这一举动，因为它代表着你待人接物的态度，是一种礼貌，也是一种修养。

与人交际，免不了牵扯时间问题，做到守时才会让你的社交达到事半功倍的效果，大家不妨从以下几点入手：

1.提前到达见面地点

如果担心时间不够或者是路上堵车，你可以提前到达要与对方见面的地点，在周边找一个咖啡店或饮料店休息，到时间差不多后再进入。这样既保证准时，又没有提前到让对方尴尬。

2.学会安排时间

如果你担心自己会忘记与对方约好的时间，那就为自己制定严格的时间表，张贴在随处可见的位置，把工作安排或朋友约会都标注清楚，并留出足够的准备时间。这样，你就不会因自己记性不好而造成任何遗憾了。

3.学会换位思考

把自己放在“牺牲者”的位置上，当你被迫等待时，会有怎样的感受？也许你会因此懂得尊重他人的重要。换位思考是一种非常有效的措施，它能让你深刻地感受到对方等待时的反感与焦急，相信这种方法会对你有很大的帮助。

社交心理策略

无论是参加会议还是与别人有约，都要守时。守时是尊重别人时间的一种表现，也是尊重自己时间的一种表现。无论和谁有约，守时就是最大的礼貌，也是沟通的一个重要技巧。朋友一定要记住，不准时赴约，让别人等，这不是一个好习惯。这样做不仅无法赢得别人的尊重和肯定，还可能令你失去很多机会！

交换名片，交往的关键一步

在社交时，大都会互赠名片，这是一种很常见的行为，却有着十分重要的意义。首先名片可以记录你所遇到的人，而且更为重要的，它们是你与名片主人进一步联系的依据。这些小小的名片很有可能成为你日后成功的垫脚石。在人际交往中，熟悉和掌握有关名片的礼仪是十分重要的，值得人们去好好研究一番。名片的接、送、放、用都要讲究礼仪，它能体现出一个人的修养。

名片被视为个人的另一张身份证，因此接受名片时应表示充分的尊重，而自己递送名片时，也要合乎礼仪。

1.作为发送名片方：

（1）不要急于发送名片

处在一群彼此不认识的人当中，最好等别人先发送名片。名片的发送可在刚见面或告别时，但如果自己即将发表意见，则应在说话之前发名片给周围的人，可帮助他们认识你。出席重大的社交活动，一定要记住带名片。交换名片时如果名片已用完，可在干净的纸上面写下个人资料交于对方。

（2）注意递交次序的问题

当交往对象不止一人时，应先将名片递给职务较高或年龄较大的人，如果分不清职务高低和年龄大小时，则可依照座次递名片。另外，应给对方在场的人每人一张，不要让别人认为你势利眼。如果自己这一方人较多，则让地位高者先向对方递送名片。

（3）注意手势问题

切勿以左手递交名片，不要将名片背面面对对方或是颠倒着面对对方，不要将名片举得高于胸部，不要以手指夹着名片给人。若对方是少数民族或外宾，则最好将名片上印有对方认得的文字的那一面面对对方。

（4）时间一定要把握好

发送名片要掌握适宜时机，只有在确有必要时发送名片，才会令名片发挥功效。发送名片一般应选择初识之际或分别之时，不宜过早或过迟。不要在用餐、戏剧、跳舞之时发送名片，也不要在大庭广众之下向多位陌生人发送名片。

（5）注意名字问题

此外，自己的名字如有难读或特别读法的，在递送名片时不妨由自己加以说明，顺便把自己“推销”一番，这会使人有亲切感。相反，接到别人的名片时，如果有不会读的字应当场请教。

2.作为接收名片方：

（1）接收名片，态度诚恳

当他人表示要递名片给自己或交换名片时，应立即停止手中所做的一切事情，起身站立，面含微笑，目视对方。接受名片时，宜双手捧接，或以右手接过，切勿单用左手接过。

（2）接过名片，首先要看

这一点至为重要。具体而言，就是接过名片后，当即要用半分钟左右的时间，从头至尾认真默读一遍。若有疑问，则可当场向对方请教，此举意在表示重视对方。若接过他人名片后看也不看，或拿在手头把玩，或弃之桌上，或装入衣袋，或交于他人，都算失礼。

（3）重视对方的名片

男士收藏名片最好的位置是名片夹内或西服上衣左上方内侧口袋内，女士收藏名片最佳的位置则是名片夹或挎包的内侧口袋。切忌拿着名片在手中把玩或随意放在桌子及其他地方，这是不尊重对方、伤害他人的行为，会影响彼此的交往。

（4）不要勉强索取名片

一些人因某种原因，不想让人知道他的身份和职务等，所以没有主动递名片。遇到这种情况，就不要勉强向对方索取。若对方主动，我们应诚恳接受；若对方无意，千万不可勉强向人索取。

在商务活动中，名片的使用范围很广，使用场合也很多，如在社交场合、初次会面、自我介绍时可以递上自己的名片，如果对方询问你的姓名、地址时，也可以递上名片。名片的使用也有讲究，不按规则使用，就起不到应有的作用。所以大家一定要谨记上面的注意事项，充分发挥名片的交际功能。

社交心理策略

自从有人发明了名片之后，在交际场合使用名片成了最为平常的事情。名片被看作是个人的广告，而使用名片则是“推销”自己。名片不仅要很好地珍藏，而且要懂得怎样去使用它效果最好而且又不失礼。

握手的礼仪是从掌心开始的交流

社会交往中，人与人见面离不开握手。握手是现代社会活动以及各种场合中运用最为广泛和频繁的礼节形式。握手礼仪是很有讲究的，做得到位能够留给对方良好的印象，而做得不标准可能会引起对方的疑心甚至是厌恶之情。所以，大家掌握好握手礼，可能会为自己铺垫一个良好的沟通氛围。

上海某大型服装公司需要招聘一名销售经理，经过多轮面试，该服装公司相关部门人员最终筛选出两名候选人王强和谭宗涵。王强和谭宗涵两人各方面的条件相差不多，难以定夺，于是，负责面试的部门经理向上级领导刘总做了汇报。刘总当即表态说：“明天上午九点半，让他们准时到公司来，我去面试一下。”次日一早，部门经理将候选人王强和谭宗涵的相关资料呈送给了刘总，可是刘总竟然没看一眼，就让下属通知王强和谭宗涵来办公室面试。部门经理颇感惊讶，对刘总说：“刘总，这里都是他们的一些重要资料，您是不是看一下再叫他们过来……”结果刘总笑笑，果断地说：“不用担心，我心里有谱，你只管按照我的话去做吧！”

王强和谭宗涵先后进来，握手后，简单地和刘总聊了几句。然后，刘总对部门经理说自己已经作出了判断，决定录用王强。事后，部门经理问刘总：“刘总啊，我真糊涂了，您这是唱的哪一出呢？这么快就下好判断了啊？”刘总回答说：“我是通过握手的感觉来做出选择的。”刘总看到部门经理诧异的表情，就开始详细地说明：“面试者王强和我握手时，我感到他的手比较温暖，握手时用力适当，再加上他的谈吐自然，落落大方，给人一种充满自信、具有亲和力的感觉；而面试者谭宗涵和我握手时，他的手不仅冰凉，且略出冷汗，握手时无力，稍带颤抖，给人的感觉是此人十分谨小慎微，性格可能不甚开朗。”听后，部门经理再次翻阅了这两人的材料，果不其然，王强性格开朗，热爱运动，而谭宗涵性格内向，不善言谈。大家对刘总的判断心服口服。

在社交场合，握手是比较常见的沟通方式，不仅反映出一个人的举止礼仪，还能透露出一个人的性格，所以恰当的握手是非常重要的。那么，怎样握手才是恰当的呢？握手礼包括握手的次序、握手的方式和说握手语这几方面内容。

1.握手对象要分清楚

男士与女士握手时，一般只轻轻握女士手指部位。男士握手时应脱帽，切忌戴手套握手。握手时双目应注视对方，同人微笑示意或问候。与多人同时握手时应按顺序进行，切忌交叉握手。同外宾握手，应该照顾到对方的风俗习惯，同时要热情、友好、体面。

2.时间一定要把握好

握于的时间不宜过长也不宜过短。握手的时间过短，有敷衍对方之嫌；握手的时间过长，则会显得热情过度。通常情况下，握手的时间应以3至5秒为宜，如初次见面，以不超过3秒为宜。与女士握手的时间不宜过长，握住女士的手不放，是很不礼貌的。

3.握手顺序要牢记

通常遵循长幼有序的原则，即主人、上司、长辈等高一级的人先主动伸出手，客人、下属、晚辈再相迎握手。男女之间，则要由女方先伸出手后，男方再伸手相握。即使男性是长辈，在一般的社交场合中仍以女方先伸手为主。

4.注意力度问题

初次见面，彼此不大熟悉的人握手，不宜用力。如果双方是熟人，又是偶尔相见，可适当用力或延长相握时间。另外，不管生熟与否，都不宜用力过大。

5.要注视对方

握手时双目不能斜视或环视其他地方，而应注视对方，让两手相握时，通过双方的目光形成一个情感的“闭合回路”。边握手边说，“你好！你好！”“见到你很高兴！”“欢迎您！”“恭喜您！”“辛苦啦！”等。

社交心理策略

握手是表现出彼此友好和诚意的一种方式。你首先向对方伸出手臂，摊开手掌，就表明你手中并没有武器，你是完全坦诚的。

重视对方，请先记住他的名字

与人交往的过程中，如果一个并不熟悉的人能叫出自己的姓名，往往会使人产生一种亲切感和知己感。相反，如果见了几次面，对方还是叫不出你的名字，便会产生一种疏远感、陌生感，增加双方的心理隔阂。每个人都极其在意自己的姓名，如果我们在与人沟通的过程中，能很快记住对方的名字，那么他一定会备感亲切，从陌生瞬间变得亲近。所以，在生活中，记住他人的名字是一种极其简单、重要而又相当有效的沟通技巧。

乔伊是做服装生意的，一次在同事的生日聚会上，认识了一位大公司的老总罗铭。其实说认识，只是单方面的，因为宾客较多，同事只向大家介绍了那位老总罗铭，却没有一一介绍其他人。而乔伊可不像其他人一样，表现出满不在乎的样子，她细心地记住了罗铭的情况，很谦虚地朝他笑了笑。宴会结束后，同行的几个女孩在车上还愤愤地说，同事厚此薄彼，成功的、有钱的就介绍；没钱、没地位的就忽略。当然，那些在责怪同事没有介绍自己的女孩们，从没想过要真正认识这位成功的老总罗铭。而乔伊却不同，她觉得虽然自己没有把握这次相识的机会，那么，就记住他的情况，下次一定有机会认识。第二次见到罗铭时，乔伊主动以姓氏尊称，对方刚开始还有点惊讶，并不记得她，但是听到乔伊说起初次相识的情境，连他讲的什么话，穿着什么衣服都记得那么清晰，罗铭不禁有些感动，从而也记住了这个普通女孩。后来，罗铭成为了乔伊的一个大客户。

记住对方的名字，能让他从心理上感到你对他的重视，从而对你产生好感。一个人的名字对他自己来说，是全部词汇中最好的词，他对自己的名字比对地球上所有的名词之和还要感兴趣。为了取得社交上的成功，成为受欢迎的人，我们应该学会用心记住别人的名字。

在人际交往中，能够准确叫出别人的名字，对于别人来说是一种最巧妙、有效的恭维。如果你记错或是忘了别人的名字，就会陷入尴尬的境地。所以，请牢记别人的名字，给对方以应有的尊重。

那么，如何才能提高自己准确记忆他人名字的能力呢？

1.清楚地询问对方的名字

不要认为反复询问他人的名字会让对方感到不快，事实上，人们很愿意听你提出这类问题：“抱歉，您能再说一遍您的名字吗？”“您的名字真特别，是这样写的吗？”认真记忆对方名字，正是在向对方传达着你的尊重和重视，会给对方留下良好印象。

2.多重复对方的名字

大部分中国人都比较害羞，其中的原因跟叫人方式有相当大的关系。外国人在谈话时经常会说出对方的姓名，即使在打招呼的时候也一样，中国人只说早安，而外国人则在后面再加上人名。不断地呼叫对方的姓名，可让彼此之间的心理距离缩短。

3.忘记名字要及时补救

如果在谈判桌上突然忘了人家的名字，那就应想办法搞清楚，记在心里。比如说，你在谈话中忘记他的名字，你可以在分手时主动拿出纸来把自己的名字和联系方式写下来，然后把笔交给他，说："来，让我们相互留下自己的名片，今后多多联系。"这样，你就可以轻松而不尴尬地获取对方的名字了。

4.巧妙研究对方的名字

以后我们在和陌生人交往的时候，首先要记住对方的名字，然后再发挥一下自己的分析能力与思考能力，研究一下对方名字的含义，或者是开一些无伤大雅的玩笑等。这样一来，就能让你的影响力逐步提升，成为一个备受欢迎的人。

社交心理策略

过目不忘这样的天赋并非人人都具备，所以日常的积累就显得很重要。在这方面，你应该定期整理自己的地址簿和名片匣，努力回忆每个名字对应的形象和自己与对方的交往经历。经过这样的不断反复，你就慢慢练就了只要再见面就能把名字和人对上号的本领。

第03章　读懂对方，透过细节看清真实的他和她

在现实世界里，人际丛林纷繁复杂，形势瞬息万变。要生存，我们就必须与形形色色的人进行沟通与交往。然而，要顺利完成这些沟通与交往，我们必须学会洞察他人内心，包括领导、同事、家人、朋友、邻居、与自己有关和无关的周围所有人。“一羽示风向，一草示水流”，从大自然的一草一木中我们可以体察出一些极细微、不被人注意的情况。而这些细微的变化，需要我们用心去捕捉，去判断事物发展的方向，从表象看出其本质。而在人际交往中，我们也可以运用自己的洞察能力，察颜观色，从表面上看穿他人的内心想法或意图，这样才不会让自己处于迷茫的状态。

小的习惯动作能看出一个人的性格

在日常生活中，人们自然而然地会产生并形成一些具有某种特定意义的小动作，且具有很强的稳定性，所以很难一下子就改正过来。而这就为我们通过这些小动作去观察、了解和认识一个人提供了一些方便。

张慧敏今年二十九岁，在某家商场做空调销售，她很会察言观色，因此销售业绩非常好。一个周末，来购物广场消费的人特别多，张慧敏忙得不可开交。在众多客户中，有一位顾客引起了张慧敏的注意。那是一个中年男士，他在那里站了好长时间，而且一边看空调，一边不停地用脚尖击打地面。和其他客户不同的是，男士不喜欢说话，张慧敏过去和他打招呼，他也是爱搭不理。

张慧敏觉察出这位顾客是典型的完美主义者，非常自恋，并且不善于与别人相处。于是她站在不远处留心观察着这个男士。犹豫许久后，男士终于抬头寻求帮助，于是张慧敏赶快上前为其提供帮助。很快，这位顾客在她的帮助下

购买了商品。

常言道：细微处泄天机。生活中的小细节最能体现一个人的真实个性。人们在日常生活中的小动作是在长期的生活中无意识地形成的，因而带有明显的个性色彩。一个识人高手往往就是通过观察这些习惯性的小动作，来把握一个人的内心动态。

每一个人都会有些与众不同的习惯性小动作，这种小动作被形象地称为“身体语言”。有的人喜欢摸头发，有的人喜欢抠鼻子，有的人喜欢拉衣角，有的人喜欢咬手指。这些动作看起来可有可无，没有什么出奇的地方，但是，从中也可以看出一个人的性格。

1.喜欢点头

这种人比较关心他人与体贴别人，知道给予配合的重要性。及时表达自己的认同，可以使说话者增强自信和对谈论话题深入思考，并得以充分发挥，有利于找出最好的解决问题的方法，于人于己都有好处。

2. 喜欢掰手指关节

这种人通常精力旺盛，非常健谈，喜欢钻“牛角尖”。对事业、工作环境比较挑剔，如果是他喜欢干的事，他会不计任何代价而踏实努力地去干。

3. 喜欢点头和摇头对待问题

一般来说，用点头和摇头来回答问题的人自我意识比较强。所以，大家在和这类人沟通时，只要用心与他谈妥，就可以高枕无忧了。因为这类人不轻易与人合作，而一旦决定合作，就会认真负责地进行到底。

4.爱拍头

拍打头部这个动作，大多的时候表示对某件事情突然有了新的认识。比如说刚才还陷入困境，现在则走出了迷雾，找到了处理事情的办法。拍打的部位如果是后脑勺，表明这种人敬业，拍打脑部只是为了放松一下自己。时常拍打前额的人一般是个直肠子。

5.喜欢把手放裤兜里

双脚自然站立，双手插在裤兜里，时不时取出来又插进去，这种人的性格比较谨小慎微，凡事三思而后行。在工作中他们最缺乏灵活性，往往用呆办法去解决很多问题。他们对突如其来的失败或打击心理承受能力差，在逆境中更多的是垂头丧气，怨天尤人。

6.喜欢紧盯着别人

这种人支配欲望特别强，因此一旦有机会，就会向别人显示自己。同时，他们不喜欢受约束，经常我行我素。好在这种人比较慷慨，因此他们周围总会聚集一些朋友。当然，有真心的，也有看中“酒肉”的。

社交心理策略

我们在观察这种有习惯性动作的人时，与其看他们的体格，倒不如以他们强烈的感受性来分析他们的性格来得妥当。由于他们强烈的感受性，对于自己身边的事情，都有非常敏感的反应，因此常有留意周围人的动静的习惯。

透过妆容，看出你想了解的对方

女人与化妆有着一种极深的渊源，如生命离不开空气、花朵离不开泥土、鱼儿离不开水一样的密不可分。在古代，女人们就懂得用胭脂涂脸，用动物油滋润头发，像眉笔、妆粉、胭脂等化妆品依然延续到了现在。爱美之心，人皆有之，女人对美更是钟情不已。一个人的容貌是天生的，怎样才能看上去更漂亮呢？这就需要化妆。事实上，一个女人化什么样的妆，从某种意义上说也属于微表情的一部分，那是她性情的外露。你可以通过观察女性化妆的方式来了解对方的心。

1. 喜欢浓妆艳抹的女人

喜欢浓妆艳抹的女人，自我表现欲望强烈，总是希望通过一种比较极端的方式吸引他人，尤其是异性的目光。她们的思想比较前卫和开放，对一些大胆的过激行为常持无所谓的态度。她们为人真诚、热情和坦率，虽然有时会进行一些恶意的攻击，但仍能够尊重他人。

2.喜欢清新淡雅的女人

化淡妆的人大多没有太强的表现欲望，希望谁也别发现她们。她们只简单地涂抹一下，使自己不至于过度难看就行。她们大都属于聪明和智慧的类型，不会将时间和精力都耗费在梳妆台前；往往有着自己的设想，而且敢打敢拼，所以大多能获得成功。

3.喜欢怪妆的女人

喜欢化怪妆的女性，眼皮要不黑糊糊的，要不蓝幽幽的，嘴唇也是时蓝时紫。这类女性时常把化怪妆作为宣泄感情的一种方式。其叛逆心很强，当理想与现实存有过大的差距时，则往往无法接受，因此通过怪妆来抗议残酷的事实，结果只会换来更多的挫败感。

4.喜欢怀旧妆的女人

这其实是对过去美好事物的一种回忆，以此忘记现实中的不愉快和不如意，但她们依然会保持头脑清醒，不会沉迷其中而忘记现实。她们讲究实际，会极力把握住现在所拥有的一切。她们热情善良，乐善好施，拥有很多可以推心置腹的好朋友。由于容易满足，她们很难享受到时代快速发展带来的刺激和美好。

5.喜欢着重某一部位的人

这样的人相信只要尽全力，绝对能把容貌中最美的那一部分表现出来。她们深知自己的优缺点，因此，诚实地评估自己想塑造的形象，并拟出希望拥有的容貌。她们对自己所经营的一切，抱着冷静仔细的态度，且行事果断，是那种买了一件好衣服就会经常穿的人。

社交心理策略

化妆可以使一个人更加漂亮，所以有更多的人，无论男人还是女人都加入到了这一支队伍当中。化妆是在原有的基础上人为制造了一张假的面孔。在这张假面孔上，描绘出了不同的人所希望看到的不同形象，这就是一个人性格的外露。

懂得试探，掀开对方的心思

1866年，对陀思妥耶夫斯基而言是具有重要意义的一年。妻子玛丽亚和他的哥哥相继病逝。为了还债，他为了给出版商赶写小说《赌徒》，请了速记员，她叫安娜·格利戈里耶夫娜，一个年仅20岁、性情异常善良和聪明活泼的少女。

安娜非常崇拜陀思妥耶夫斯基，因为他工作认真，一丝不苟。书稿《赌徒》完成后，陀思妥耶夫斯基也爱上了他的速记员，但不知道安娜是否愿意做他的妻子。于是，陀思妥耶夫斯基便把安娜请到他的工作室。

他对安娜说："我又在构思一部小说。""是一部有趣的小说吗？"她问。"是的。只是小说的结尾部分还没有安排好，一个年轻姑娘的心理活动我把握不住，现在只有求助于你了。"他见安娜在谛听，继续说，"小说的主人公是个艺术家，已经不年轻了……"

主人公的经历就是来源于陀思妥耶夫斯基自己，安娜听出来了，她忍不住打断他的话："你干什么折磨你的主人公呢？""看来你好像同情他？"他问安娜。

"我非常同情，他有一颗善良的心，充满爱的心。他遭受不幸，依然渴望爱情，热切期望获得幸福。"安娜有些激动。陀思妥耶夫斯基接着说："用作者的话说，主人公遇到的姑娘，温柔、聪明、善良、通达人情，算不上美人，但也相当不错。我很喜欢她。"

"但很难结合，因为两人性格、年龄悬殊。年轻的姑娘会爱上艺术家吗？这是不是心理上的失真？我请你帮忙，听听你的意见。"他征求安娜的意见。

"怎么不可能！如果两人情投意合，她为什么不能爱艺术家？难道只有相貌和财富才值得去爱吗？只要她真正爱他，她就是幸福的人，而且永远不会后悔。"

"你真的相信，她会爱他？而且爱一辈子？"陀思妥耶夫斯基有些激动，又有点犹豫不决，声音颤抖着，显得窘迫和痛苦。

安娜怔住了，终于明白他们不仅仅是在谈文学，而且在构思一个爱情绝唱的序曲。安娜小姐的真实心理正如她自己所言，她非常同情主人公，即陀思妥耶夫斯基的遭遇，且从内心里爱慕这位伟大的作家，如果模棱两可地回答作家的话，对他的自尊和高傲将是可怕的打击。于是安娜激动地告诉作家："我将回答，我爱你，并且会爱一辈子。"

终于，作家同安娜结为伉俪。在安娜的帮助下，陀思妥耶夫斯基还清了压在身上的全部债务，并在短短的后半生写出了许多不朽之作。陀思妥耶夫斯基向安娜求爱的妙计，历来被世人当做爱情佳话，广为传颂。

日常生活中，我们经常会碰到话不好直说的状况。这时，不妨绕个圈子，巧妙试探，等到探明了对方的心意，再做打算，即使事情不能成功，也能全身而退。所以，要想将事情办得漂亮，就要懂得一点心机，学会试探，弄清楚对方的心意，对症下药，达到自己的目的。

在交际中，我们会遇到形形色色的人，如何在不了解对方的情况下巧妙地试探出他的内心意图呢？我们可以从以下几点考虑：

1.不同的对象，不同的方式

我们在提问前，要大致了解被提问者的性格、年龄、文化素养、身份等，因为不同的人，所能接受的说话和问话方式都是不同的，我们在试探的方式上也应当有相应的变化：或单刀直入，或迂回进攻，或敞开发问，或试探而进。只有这样，才能达到目的。

2.知己知彼，对对方有所了解

在与人交谈时，千万不要急于开门见山，要有所准备，对对方有个提前的了解。在充分了解对方之后，再采取行动，以防落入他人圈套，同时也能争取主动权。下水之前先试探水深，可以更好地了解敌情，做到知彼。只有知彼，才能决定如何攻彼，如何取胜。

3.语言思维要谨慎

当然，在试探别人的态度时，别人也可能在试探我们的态度。有些问题问得曲折，我们因自尊的满足而给予回答，但又要防止掉进别人的圈套中，在背后道人短长，这不仅涉及道德问题，还涉及修养问题，所以在发觉别人的这种试探时，还是要慎重。

社交心理策略

语言是人们之间相互交流的工具。巧妙地运用语言这个工具，能让我们在人际交往中做得出色，既能让他人信服我们，又能给自己的人生铺平道路。生活中，我们可以巧妙地运用语言探询一些不便明说的问题，当然，也可以防范别人恶意地使用一些复杂用语对我们设置语言陷阱。

透过破绽，巧妙识破对方谎言

唐朝初年，李靖担任岐州刺史时，有人向当朝者告他谋反，唐高祖李渊派了一名御史前往调查此事。

这名御史是李靖的故交，深知李靖的为人，他心里很清楚李靖是遭到了奸人的诬陷，因此便想办法要救李靖，替李靖洗清不白之冤。于是他向皇帝请旨，请告密者共同前去查办此案。皇帝准奏，告密者也高兴地答应下来。途中，御史假说检举信丢失了，以观察告密者以后的动作反应。

御史佯装害怕的样子，不停地向陪伴的告密者说：“这可如何是好！身负皇上之托，职责所在，却丢失重要证据，我可真的难辞其咎了！”说着，御史便发起怒来，鞭打随从的典吏官。他的举动使告密者确信检举信已丢失。

御史无奈地向告密者请求：“事已至此，只好请您重写一份了。否则，不仅我要担负不能办成查访之任的罪责，而且您的检举得不到查证，就没办法让皇上论功行赏了。”

那人一想不错，赶紧去重写，根据想象，又凭空捏造出一份来。

御史接到信件，拿出原信一比较，只见大有出入。除了告李靖密谋造反的罪名一样，所举证据都换了模样，细节更是大相径庭，时间、人物都难以对上号，一看即知是胡编乱造的诬告信。御史笑笑，立刻下令把告密者关押起来。随后拿着两封检举信赶回京城，向唐高祖禀告原委。

再精密的计划也会有破绽留下，只要我们认真思考，找寻对方言语及行为上的破绽，相信他所说的谎言将会很快被拆穿。

公司主管王磊怀疑职员阿龙偷了公司的办公用品。如果王磊直截了当地问阿龙："你为什么偷东西？"阿龙立即会产生戒备心理，到时候要想从他嘴里得知真相就难了。如果阿龙根本没有偷，他当然不会承认。就算阿龙真的偷了，为求自保，他也会选择说谎。显然，这种直接质问的方法是行不通的。王磊只需要给阿龙一些暗示就可以了，比如他可以这样说："阿龙，我发现咱们公司里有人偷偷把办公用品拿回家，你有什么好方法制止这种行为吗？"接下来，王磊只要观察阿龙的反应就可以了。

如果阿龙对这件事表现出极大的兴趣，那就基本上可以断定他没有偷过。但是，如果阿龙表现出不安并想转移话题，那就表明他心里有鬼。

具体来说，王磊可以密切关注阿龙的表情和行为举止的变化。如果阿龙是清白无辜的，他很有可能会提出一些相关的建议，并且会因为王磊征求他的意见而感到高兴；如果真的是他偷的，他很可能会马上变得焦虑不安，并且有可能急于向王磊表示自己的清白，说一些"我没有偷过""不是我偷的"之类的话——这不正是"此地无银三百两"吗！

在日常生活中，每个人都有露馅的时候。露馅的原因有很多，而大多都是因为紧张或者着急所致。在一般情况下，露馅并不会引起人们过多的重视，但特工在审理案件时，非常重视露馅发生的情况，这常常成为击垮对手心理防线的一个重要突破口。

那么，我们如何巧妙地从对方的破绽中挖掘自己需要的信息呢？

1.以旁观者的心态观摩对方

在交涉中，千万别太突出，应站在人后，认真观察，仔细聆听。所谓旁观者清，只有在冷静思考的状态下，才能获知对方在语言之外的心态，以及各项暗示的趋势。若能观测出暗示的含义及倾向，即抓住了对方的弱点。

2.说一些广泛的客套话

在人际关系中，最容易被破译密码的语言就是客套话。客套话要运用恰当，过分牵强而显得不自然的人，说明此人别有用意。客套话的反面是粗俗语，一些人会对自己心仪之人，冒出随意的言语，以示双方的关系非同一般，同时也会产生亲密感的误会。

3.注意面部表情

面部表情的变化是人与人交流的重要平台，生理学研究显示，人的面部集结了大量的毛细血管和神经元，感应非常灵敏，一旦人的内心有什么风吹草动，即使这个人的控制能力再好，他也会被自己脸上微微泛滥起的波澜出卖。

社交心理策略

无论在日常生活中还是在工作事业上，凡事均需擦亮眼睛，不放过事物细微的变化。遇到异常现象更需立即提高警惕，不能粗枝大叶，疏于防范，让别有用心者有机可乘，从而置自己于困境或危险之地，给自己的事业和生活造成损失。

第04章 悦心言语，懂心理会寒暄才能讨人喜欢

一个懂得社交心理的人更容易讨得他人的喜欢，因为他能表达出悦心的言语，能传递出幸福的暖流。与人打交道，你要懂得寒暄，因为那是交往的敲门砖；与人打交道，你要懂得恰当称呼，因为这能赢得他人的好感；与人打交道，你要学会恭维，因为这是一种简单有效的投资；与人打交道，你的言辞要真诚，因为这是交际中最美的声音；与人打交道，你要记得多说“谢谢”，因为这是一种充满感恩的赞美……总之，想要获取人心，你就要懂心理会寒暄。

记得多说谢谢，感激也是一种赞美

“太感谢您了，李经理，如果没有您的指点，我还真没把握能完成这个任务。”

“小林，谢谢你在我低沉的时候给我鼓励与支持，如果没有你，我不可能走到今天。”

“刘老板，谢谢您，这几天对我的这些帮助，让我明白了很多道理。”

“张姐，谢谢你那天为我解围，不然在客户面前，我把公司的脸都丢尽了。”

在生活中，我们经常听到诸如“谢谢您”“多谢关照”之类的话。这样的话可以向别人表示感谢，能沟通人与人的心灵，建立融洽的人际关系。这些感谢词本来没有什么，但是一说出，就产生了显著的效果，它缩短了与他人之间的距离，从而使交往变得更顺畅。朋友们，在与人交谈的过程中，请记得多说一句“谢谢”，因为这一句感激之情里面也暗含着一种赞美。

王海洋在五年前还是基层车间的一名钳工。后来厂宣传科的科长李涵见王

海洋文笔不错，顶着压力将王海洋调进宣传科当了宣传干事。

两年后，王海洋被抽到厂办当了秘书，而且颇受厂长赏识。但是，王海洋对李涵的知遇之恩一直牢记在心。

李涵和王海洋在工作中常常碰面，王海洋总是面带微笑热情主动地和李涵打招呼。王海洋常常对别人说起李涵对自己的恩惠，自己又是如何地感激李涵。

有时由于工作原因需要和李涵同在一桌招待客人，王海洋除了向李涵敬酒外，还公开说自己是李涵一手培养起来的，自己十分感激李涵。

王海洋在节假日还经常与李涵进行感情交流，或向李涵讨教写作经验，或到李涵家和他下棋打牌。李涵也逢人便夸王海洋有良心，是好样儿的，两人的感情与日俱增。

常说“谢谢”，会使人变得有礼貌、有教养，对自己身心的健康发展也是有好处的。科学研究表明，生活态度积极向上、处处心怀感激的人，除了拥有更高的幸福感、更加健康的身体外，与人相处也更加融洽。感恩的心态使他们有着积极乐观的生活态度，面对压力与困难时也能平稳度过。

不知大家是否听过这样一则故事：

有两个人同时去面见上帝，询问天堂的路怎么走。上帝看到他们饥饿，就首先给他们一份食物。一个人接过了食物，很是感激，拜谢过上帝之后才吃了起来；另一个人接过食物之后，并没有任何的表情。上帝看到这一切后，把第一个感恩的人送上了天堂，把那个无动于衷的人拒之于门外。被拒之于门外的那个人很是不爽，对上帝说：“他不就是比我多说了‘谢谢’这两个字吗？也不能有这么大的差别啊！”上帝说：“你别忘了，他说那两个字表明他是一个有感恩之心的人，你没有说出可以看得出你不知道对别人的恩惠予以感恩。”“那也不能让他上天堂，把我留在门外啊！”上帝说：“那没有办法，因为天堂的大门是为拥有感恩之心的人打开的。”

其实，别人帮了你的忙，好好地表示谢意是最基本的礼貌。倘若不懂得这一点，势必无法赢得对方好感。试想一下，人家辛辛苦苦地费劲帮了你的忙，连你的一句谢谢都换不来，假若是你，心里会作何感想？

1.感激之情，请及时表达

感谢的话要首先说出来。当接受朋友恩惠或帮忙时，千万不要存有“感激之言留着以后再说”的心理，唯有懂得适时表达感谢之意的人，才能于所到之处皆受人喜爱，受人欢迎。

2.要点出具体内容

你握着对方的手，脸涨得通红，一个劲地甩人家的手，口里连声说：“谢谢谢，谢谢啊！”也许你在电视上常常见到这样的场面，但别把自己也弄成这样，你不是一个被施舍对象，你是一个有独立人格的人，你只需要握着对方的手，微笑着说：“谢谢你，今天为我的事跑两趟了。”

3.知恩图报，让善意传承循环

得到了别人的帮助。一定要记得回报。回报的方式可以是多种多样的，既可以在别人需要帮助的时候尽力帮助他，也可以将善意回报给社会。帮助其他需要帮助的人，将善意传承下去。

社交心理策略

答谢是对别人的好意或某种高尚行为的一种回报，也是对他人的一种赞美。当别人为你做了一件哪怕是微不足道的小事，你也要说声“谢谢”。尤其在办公室里，假如你的领导或同事帮助了你，你一定要懂得感恩，及时向对方表达谢意。

寒暄很重要，它是交往的敲门砖

寒暄又叫“打招呼”，是人与人建立语言交流的方法之一。它能使不相识的人相互认识，使不熟悉的人相互熟悉，使单调的气氛活跃起来，为双方进一步攀谈架设桥梁，沟通情感。和陌生人初次见面，因为两个人彼此都不了解，所以谈话往往不知道应该怎样开始。这时，寒暄就可以派上用场，比如：“今天天气不错！”或者“最近都在忙什么啊？”以此类话作为寒暄问候语。这些话听起来好像不重要，但是它们可以缓解尴尬的沉默气氛，让人感到亲切、舒适。

陈小姐是一家电子商务公司的销售主管，她很少在客户面前夸夸其谈，可那份亲切诚恳的气质和绝佳的口才，赢得了上百位客户的心。

提起约见客户，公司一位新进的女业务员心理压力很大，总是跟陈小姐抱怨，不知道见面时该跟客户说什么，像平常一样打个招呼说声“您好”，显得太没新意；贸然带着礼物上门，目的性又太强。

言传不如身教，陈小姐在一次出差时带上了这位女下属。那是一项棘手的任务，公司给对方提供的方案，对方看了之后不太满意，看架势是不太愿意合作了。陈小姐此次去的目的，就是说服对方，挽回合作的机会。作为业务代表，女下属心里一直忐忑不安，她心里想着：去了之后说什么呢？跟对方道歉？如果他们咄咄逼人，该怎么办？

抵达A市后，接待她们的是对方公司的副总。见到客户，陈小姐说的第一句话是：“林总，我得先谢谢您，在我生日的这一天，让我又回到了自己的家乡。”那位副总是A市人，听到陈小姐这么一说，顿时觉得亲近了许多。两个人聊起A市这些年的变化，甚至还谈起了当年读书的学校。最后，还是林总主动说起合作的事，在此之前两个人已经聊得如此投机，合作的事很快就达成了一致。

出差回去的途中，女业务员不禁对自己的女上司刮目相看。从前，只觉得她为人亲和，现在才知道，她在业务上也很出色，面对陌生的客户，通过一番寒暄就拉近了彼此间的距离，确实不简单。

听着下属的恭维，陈小姐会心一笑，故作严肃地说：“我可不是为了让你夸我，才带你来的啊！就是想让你知道，谈话是需要氛围的，在正式交谈之前，要说上几句寒暄和问候语，这样能让不相识的人相互认识，让不熟悉的人相互熟悉，让严肃沉闷的氛围变得轻松活跃。”

寒暄传递的是令人快慰、促进友好的信息，是社交交谈中不可缺少的“佐料”。一句“早上好！”“再见！您慢走！”传到对方耳中，送去的是温暖与关怀，所以寒暄之“暄”从“日”不从“口”，为温暖之意。社交中，通过寒暄，给对方多一些温暖与关怀，有利于沟通感情，创造和谐的交流气氛，这正是成功交际所需要的。

巧妙寒暄，拉近彼此距离，你需要做到以下几点：

1.注意声音的大小

寒暄时的声音不宜过小，小声说话往往会给人不够开朗的感觉。另外就算不会给人不够开朗的感觉，也会给人有缺乏自信心的感觉，这种人就算说话的内容再精辟，给人感染力也不会太强。

2.要充满感情

无论在学校、在家里还是在职场，“上午好”“下午好”“晚上好”“晚安”这类的问候语要天天说。比如：新知故友在街上相遇时，要相互打招呼；同事之间每天在办公室见面时要相互问候；左邻右舍在电梯或楼梯上相逢时要互相打一声招呼……

3.要看对象、分场合

问候语具有非常鲜明的民俗性、地域性的特征。比如，老北京人问别人“吃过饭了吗？”其实就是类似“您好 ”的问候，你要是答以“还没吃”，就不大合适。如果会见外宾还用这句话问候别人，就容易发生误会。因此，如果你对对方的身份不是很了解，那就说一些比较常见的问候语，以免造成不必要的误解。

4. 带着你的微笑

虽然寒暄时的用语和表达方式会因为每个人的文化和习惯有所差异，但是寒暄时面带笑脸是普遍的准则。生活中许多人对于不带微笑的寒暄，极易产生不快的感觉。假如我们有求于别人，遭到别人微笑地拒绝，我们也不至于太过抱怨。因为同样是拒绝，如果对方虽然礼貌，却无半点笑容，我们就会觉得受到冷遇，不愉快的心情也就油然而生。

寒暄还能传递尊重和关心。试想，如果一位客服人员没有与客户寒暄，进门后只谈与工作有关的话题，恐怕客户会认为客服人员对自己不够关心，双方的关系也就不会那么融洽，当然，客户也不会主动说出自己的新需求了。

称呼恰当，别人才会喜欢你

人际交往离不开语言，如果把交际语言比喻成浩浩荡荡的大军，那么称呼语便是这支大军的先锋官。通常情况下，我们都是先打招呼再说话的。然而仅仅有称呼也不行，还要看你的称呼是否合适，因为人们对称呼的恰当与否，一般来说都很敏感。所以说，想要让一段交流谈得顺心如意，请先考虑好如何称呼对方吧！

有这样一则故事：

有个骑马赶路的年轻人，见天黑了，想找个客栈住下来，正好身边有一位老汉经过，他便在马上高声喊道："喂！老头儿，离客栈还有多远？"老汉回答："五里！"年轻人策马飞奔，急忙赶路去了。结果一气跑了十多里，也不见人烟。他心想，这老头儿真可恶，说谎骗人，非得回去教训他一下不可。他一边想着，一边自言自语道："五里，五里，什么五里！"猛然，他醒悟过来了，此"无礼"非彼"五里"啊！于是他调转马头往回赶。不多时，他追上了那位老人，急忙翻身下马，亲切地叫道："老伯……"话没说完，老人便说："客店已走过去很远了，如不嫌弃，可到我家住一宿。"

可见，对一个人的称呼在人际交往中是何其重要。

王丽今年三十岁，她自己经营着一家店，主要卖一些时尚的帽子及饰品，整天忙着店里的生意，也没有什么闲暇时间保养自己，所以，外表上看来，王丽的年纪显得有些大，但是王丽最讨厌别人说自己的年纪大。

一天，王丽去附近的商品城批发夏季帽子，一个二十四五岁的女孩子走了过来说道：“阿姨，进货吗？快来看看吧，都是一些时尚的新款，非常漂亮，您肯定喜欢的。”王丽“哼”了一声，白了那位姑娘一眼，径直往前走。而到了另一家批发商那里，一位同样二十四五岁的姑娘热情地迎了出来道：“姐，您是看帽子吗？您请进，有什么想法尽管跟我说，今年来了很多新款，挺时髦的，我给您介绍一下。”王丽听闻心情大好，来了兴趣，这边看看，那边摸摸，批发了很多帽子。

与人接触的第一句话、第一个词就是称呼。不知道怎么称呼对方，很难使对方产生亲近感，对相互沟通不利。所以，熟识的人见面，打招呼时要亲切地称呼对方；与陌生人联系，交谈之前更要恰当的称呼，以示尊重。

1.记住对方姓名

由于自尊的需要，每个人都希望别人能记住和尊重自己的名字。与人寒暄时不只说 “您好”，而是在“您好”前面或后面冠以对方名字，这样做起到了很好的心理效应。我们对久别之后仍能一下子叫出自己的名字的人，总是感动万分、钦佩不已，就是因为这个缘故。

2.注意对方的年龄

见到长者，一定要呼尊称，特别是当你有求于人的时候。比如：“老爷爷”“老奶奶”“老先生”“老师傅”等，不能随便喊。看年龄称呼人，要力求准确。比如，看到一位二十多岁的女性就称“大嫂”，可实际上人家还没结婚，这就会使人家不高兴。

3.要注意对方的风俗习惯和文化背景

来自不同地区的人，有着不同的文化习俗和宗教信仰，在称呼对方的时候一定要注意这些细节，比如对一个南方人，就不要称呼“师傅”，因为在他们的观念里，这是出家人的专用词语。

4.对领导的称呼要区别不同的场合

在日常生活中，对领导可不称官衔，以“老张”“老李”相称，明智的领导会欢迎这样的称呼，因为这样使人感到平等、亲切，也显得领导平易近人，没有官架子。但是，如果在正式场合，如开会、与外单位接洽、谈工作时，称领导为“赵局长”“孙厂长”“李经理”等，常常是必要的，因为这能体现工作的严肃性并维护领导的权威性。

社交心理策略

与人相处时，本着称呼恰当，讲究分寸的原则，就是一个非常好的习惯，有利于沟通。一声亲切的称呼、一句良好的问候，消除了沟通的障碍，展现了自己的热忱和尊重。所以，千万不要小看日常交往中的称呼，时刻注意称呼是否恰当是社交中必须要做的事情。

说场面话，为交际添光加彩

林刚在一个公司埋头苦干了五年了，一直都没有升迁，为此他很苦恼。有一天，林刚的表哥告诉他，另一个公司的设计部有一个空缺，林刚便通过表哥牵线搭桥，拜访了那家单位人事部经理，希望能走走他的后门，把自己调到那个岗位去。

当时，那经理热情地招待了林刚和他表哥，对林刚的请求拍着胸脯说：“肯定能行，等我的好消息吧！”林刚得到了该经理的承诺后，兴高采烈地回家等消息。可谁知转眼一个月都过去了，办调动的事一点消息也没有，林刚给表哥打电话，想知道到底出了什么情况，表哥却告诉他，那个位子已经被人抢先占了。林刚气得顿时火冒三丈问表哥：“他都承诺给我了，为啥突然变卦，这也太不讲信用了吧？”他的表哥对林刚的质问也不知如何回答是好。

其实，那位经理拍着胸脯承诺林刚的话，不过只是场面话而已，可林刚却没有认真辨别他的场面话的可信度，就信以为真了，所以才吃了个哑巴亏。

什么是“场面话”？简言之，就是让人高兴的话。既然说是“场面话”，可想而知就是在某个“场面”才讲的话，这种话不一定代表说话人内心的真实想法，但是却在交际中能产生很大的作用。踏入社会，应酬的机会就多了，这些应酬包括去做客、赴宴、会议、聚会等。不管你对某一次应酬满不满意，场面话一定要讲，套近乎的话一定要会说。

杨蓓是一家图书出版公司的项目经理，她的主要任务有两个：领会总经理的意思，进行各种热门题材的搜罗，同时带领手下人执行总经理的指令，进行作者群的开拓。因为好的作者往往会对作品要求更高，所以他们经常面临约不到稿、到交稿时作者却交不上稿的情况。

有一次，杨蓓正在办公室里进行新图书的策划。一个新作者突然打电话给她，说是没有办法按时交稿了，因为思路堵塞，他需要一个星期的时间。这让杨蓓非常着急：眼看着公司已经开始不断地为这本新书造势了，总经理也正在等待看图书的成稿，这怎么能行？

正当杨蓓着急时，总经理刚好从她的桌子旁边经过，看到杨蓓如此忙乱，便问了一句："怎么了？"

很明显，这只是总经理的一句场面话：他只是刚好路过，如果杨蓓郑重其事地告诉他，事情到底"怎么了"，他反而会心生反感。但就是领导的这句场面话突然让杨蓓清醒了过来，她笑着回应了一句："没事，我在找我的U盘。"

随后，杨蓓在总经理离开以后，与作者再次商议了新的交稿日期，并在团队内部进行了计划的调整。

仔细看来，我们都能够发现，不仅总经理的"怎么了"是在说场面话，就连杨蓓的回答也是场面话，但就是这样一句无关紧要的场面话，不仅宽慰了总经理，同时也使自己赢得了一个更轻松处理问题的时间。

想要从心理上获取对方的认可，你必须懂得说场面话，因为，这是一种人人必备的交际策略。

1.言语中表达出你的谢意

一般说来，每个人都对自己无意中给别人带来很大的帮助感到高兴，见面时若能不失时机地点出，无疑能引起对方极大的兴趣。因此，初次见到曾帮过自己的人时，不妨当面讲出，一方面是向对方表示谢意，另一方面是加深了两人的感情。

2.说场面话要因人而异

与不同的人谈话，就要采用不同的谈话方式。因人而异，才能做到把话说活。办事要善于洞察人心，尤其是当你有求于人时，要看对象说话，更要见机行事，刚柔并济，才能逢凶化吉，转难为易。说起话来让别人愿意接受，只有这样，你办起事来才能水到渠成。

3.说话幽默，气氛更好

幽默是一个人内在气质的表现，一个人内在气质的美，胜过外表的美。无论何人，只要充分运用自己的睿智，随机应变，用幽默言辞来缓和窘境，就是一种成功。它能化冲突为喜悦，变危机为幸运。在充满火药味的场合，也可以成为最佳的消化剂，帮助你摆脱困境。

社交心理策略

场面话是人性丛林里的现象之一，而说场面话也是一种生存智慧，在人性丛林里进出过一段时日的人都懂得说，也习惯说。这不是罪恶，也不是欺骗，而是一种“必要”。有时，说说一些无碍于原则与是非标准的场面话，也是一个人在纷纭复杂的社交场所立足的一种本能。

恭维话说到位，沟通简单又有效

西方有句古语说得好：“一滴蜜比一桶毒药所捉住的苍蝇还要多。”“蜜”其实就是甜言蜜语，是赞美，是夸奖，是肯定，有时也可以说是曲意奉承。只要你恭维得恰如其分，恰得其人，对方就一定会心情舒畅，并对你心生好感，随后的接触就会顺利得多。

李鸿章是清朝的中堂大人，位高权重，文武百官都想讨他欢心，以便让他多多提携自己，能升个一官半职，也好光宗耀祖。这年，中堂大人的夫人要过五十大寿，很显然这是个送礼的大好时机。寿辰未到满朝文武却早已开始行动了，生怕自己落在他人后面。

消息传到了合肥知县那里，知县也想送礼，李鸿章祖籍合肥，这可是结攀中堂大人的绝好时机。无奈，知县囊中羞涩，礼送少了等于没送；想多送，又送不起。这下可把知县愁坏了。他思来想去拿不定主意，便请师爷前来商量。

师爷看透了知县的心思，满不在乎地说："这还不好办，交给我了。保准不让你花一两银子，并且所送的礼品让李大人刮目相看。"

"是吗？送什么礼物？"知县大喜过望，笑成了一朵花。

"一副寿联便可。"

"寿联？这……能行吗？"

师爷见知县还有疑虑，便安慰他："尽管放心吧！这事就包在我身上了，包你从此飞黄腾达。这寿联由我来写，你亲自送去，请中堂大人过目，不能疏忽。"

知县满口答应。

第二天，知县带着师爷写好的对联上路了。他昼夜兼程赶到京城，等到祝寿这天，知县报了姓名来到李鸿章面前，朝下一跪："卑职合肥知县，前来给夫人祝寿！"

李鸿章看都没看他一眼，便随口命人给他沏茶看座，因为来他这里的都是朝廷重臣，区区一七品知县，李鸿章哪能看在眼里。

知县连忙取出寿联，双手奉上。

李鸿章顺手接过，打开上联：

"三月庚辰之前五十大寿。"

李鸿章心想：这是什么句子？天下谁人不知我夫人是二月的生日，这"三月庚辰之前"岂不废话。于是，李鸿章又打开了下联：

"两宫太后以下一品夫人。"

"两宫"指当时的慈安、慈禧，李鸿章见"两宫"字样，不敢怠慢，连忙跪了下来，命家人摆好香案，将此联挂在《麻姑献寿图》的两边。

这副对联深得李鸿章的赏识，自然对合肥知县另眼相看，称赞有加。

看完上面的故事，相信大家已深刻了解到恭维的重要意义。俗话说："好马在腿，好人在嘴。"适度的恭维会使谈话的气氛更为融洽。有的人说自己不爱被人恭维，愿听批评，但若是他人信以为真，毫不在意地批评其缺点，则难免会令双方产生芥蒂，影响到双方的深入交流。可见，善于适度恭维是处世的本领，是与人交流时的润滑剂。

那么，朋友们，你知道如何才能把恭维的话说的更贴切，更深入人心吗？以下几点将会让你有所感悟：

1.分清对象再说话

在说恭维话的时候，有一个原则必须把握准确，那就是对不同的人要说不同的恭维话。如果与你交谈的是年轻人，正在奋斗中，你可以说几句鼓励的话，他一定会十分高兴；而如果对方是老年人，那么你在恭维话的选择上则应该要从健康或者他的晚辈着眼。

2.尺度一定把握好

恭维他人，最忌讳的就是虚情假意。如果恭维的话说不到位，反倒让人恶心发麻，以为是嘲讽，结果只会适得其反，还不如闭上嘴巴。恭维的话要把握好时机，话语也不可过火，同时还要让人感受到真诚。

3.注意时机问题

当你发现对方有值得赞美、恭维的地方，要善于及时大胆地赞美、恭维，千万不要错过时机。不适时机的恭维，无异于南辕北辙，结果只能事与愿违，起不到应该起的效果，甚至还会产生一定的副作用。

4.点出对方骄傲的地方

如果你的恭维保持了高度的一致性，见了女性就夸漂亮，见了男性就说事业有成的话，那么，你的礼仪修为不会得到他人认可的。如果你面对的是非常重要的客户，千万不要轻易地开口恭维对方，应事先进行调查，看看对方到底爱的是什么，这是避免让自己遭遇的好办法。

社交心理策略

真诚地赞美，是拉近与客户距离的最好方式。在谈判中，声音是可以赞美对方的第一点，在与他人的交流中，只要大家细心凝听，实际上可以通过声音掌握到对方很多方面的信息，例如，年龄、教育程度、做事情的态度等。

真诚表达，语言更入人心

说话不是敲击锣鼓，而是敲击人的“心铃”，而敲击人“心铃”的最好方法就是真诚的态度。只有用一颗真诚的心与人交往，才能换来彼此的心灵相通，驱除人为的隔膜，坦诚以待。真诚是一笔宝贵的财富，拥有这笔财富的人将是这个世界上活得最自在的人。

陈晨是某皮鞋公司的业务经理，他感觉最近新来的领导梁总总是对他不满意。经过一段时间的接触，他发现每次向梁总汇报工作方案并征求其意见时，梁总总是让他自己拿出解决方案。但是，陈晨的方案经常不是梁总所想要的。更让陈晨感到烦恼的是，别的部门有了意见，梁总却在会议上大声责怪自己的不是。后来，陈晨的几次工作计划提案都遭到了梁总的拒绝和否定。在这段时间里，陈晨很苦恼，他真的不知道自己的领导到底在想什么，他感到了无助和恐惧，觉得自己没办法与领导沟通了。

实在是没有办法，陈晨决定与梁总进行一次开诚布公的谈话。这天，陈晨观察到梁总心情比较好，于是，他敲开了领导的门，说道：“梁总，我有些事情要向您汇报。”梁总点点头，并招呼他坐下。陈晨深深地吸了一口气，对梁总说：“我很喜欢这个工作，很热爱公司，而且很希望在领导的带领和支持下提高自己的能力，为领导多分担一些责任和义务。”梁总面带微笑地看着他，陈晨继续说道：“不过，最近发生了几件事情，让我感到很困惑，有时候不知道您的真实想法，我真心地希望您能帮助我，给我更为明确的指示和指导。”这时梁总已经明白了陈晨的意思，他回答说：“我们可能还不太熟悉，彼此之间也需要磨合，有一点我想告诉你，你每次让我给你提建议时总是笼统地问这个计划行不行、那个问题怎么解决，由于我不在第一线，所以没办法给你具体的指导，因此只好叫你自己去找办法了。”

由于这次真诚的交流，上下级之间的心结化解开了。从此，陈晨有什么问题就及时与梁总进行详细沟通，他真诚勤恳的工作作风越来越受梁总的喜欢，陈晨再也不觉得烦恼与困惑了。

为人真诚，才能迅速拉近彼此的距离，才能让他人因为你的言语而变得更加温暖。做到真诚，你需要记住以下几点：

1.语言朴实达意，保持本色

语言的朴素美与为人处世的态度有关，话如其人，言为心声，平时为人处世质朴真诚，说话自然不会扭捏做作。语言的朴素美贵在保持个性，该怎么表达就怎么表达，或严肃、或幽默、或直率、或调侃、或委婉，只要是发自内心，保持本色即可。

2.内心一定要保持真诚

一定要有一颗真诚的心，这是沟通当中最重要的技巧，也是不需要技巧的技巧。如果你的态度不诚恳会直接导致沟通的失败。那些认为沟通只不过是技术上的东西的人是十分愚蠢的，因为所有的技巧只不过是增加沟通成功的外部砝码，而不是决定因素。

3.深切立足他人立场

真诚，是一种体谅，也是一种理解，真诚需要做到为他人考虑。真正站在对方的立场上，为对方着想，并全面分析双方的利弊得失，语气亲切随和，不卑不亢，入情入理，这是那些社交高手们成功地说服对方的原因所在。

社交心理策略

与人相交贵在以心换心，坦白、真诚、表露真心，对方会感到你信任他，从而卸下猜疑、戒备心理，把你当做知心朋友，乐意接受你的一切。以诚待人，便能够获得人们的信任。以一个开放的心灵换取到一位用全部身心帮助自己的朋友，这就是用真诚换来真诚。

第05章 提升气场，展现才华与能力去吸引对方

你是个自信的人吗？你是个敢于追求梦想的人吗？你是个有追求有目的的人吗？其实，这种种的答案都能显示出一个人的气场问题。在当今这个竞争激烈的社会，只有气场强大的人，才能更加吸引别人的目光。但是，没有一个人从生下来就拥有强大的气场，后天的一些心理建设对气场的改造是相当重要的。所以，对于我们大家来说，修炼自己的气场的确是一个非常重要且非常艰巨的任务。为此，本章总结了提升气场的几个妙招，值得大家借鉴与学习。

坐拥强大气场，你需要自信

有这么一个童话，不知道大家是否听过。

一只翠鸟拥有一副响亮的歌喉，但性格胆怯怕羞，不敢在众人面前展示。翠鸟也很了解自己的弱点，便去寻找有学问的伙伴，向它们请教把胆子练大的方法。翠鸟先后找了老山羊、黄莺、斑马，最后找到了老松鼠。可是每个伙伴都让它先唱一首歌来听听，然后再告诉它。为了学到练胆的方法，翠鸟只好为它们唱歌，于是一首又一首歌从翠鸟的嘴里唱出，等到最后找到老松鼠的时候，它已经能够当着所有伙伴的面唱歌而毫不胆怯了，于是老松鼠对它说：“你已经找到了练得胆大的方法了。”

这个故事所要说明的，其实就是一种自信。尽管翠鸟有一副优美的歌喉，但由于缺乏自信，不敢在众人面前展示，等到它找到了自信，就不仅敢唱，而且得到了动物们的欣赏。

有人说：“这个世界是属于有自信的人的，自信的形象带给人的是无穷的

价值。”如果我们对自己没有信心，忽视自己也有许多优点，那么我们如何坦然地与别人沟通，更别谈有一个成功的形象了。假如连我们都认为自己不好，那么，别人怎么会认为我们很好？一个自信心强大的人才能拥有更强大的气场，才能镇定地与人交往，才能获取更多的认可。

蔡晓敏是个比较沉默的女孩，每次公司开会，领导让下属发表意见，她总是没有几句话，而且还说得结结巴巴。每次开会前，蔡晓敏都鼓励自己，但是到了开会的时候，听别人发表完自己的意见后，她就会想：“我的意见可能没有价值，如果说出来，别人可能会觉得很愚蠢，我最好什么也不说。而且，其他人说得都那么好，他们懂得比我多，我也没必要说什么。”于是，每次会议结束以后，蔡晓敏总是在心里默默地对自己说：“下次开会，我一定会发表意见的。”

事实并非如此，新的会议开始的时候，蔡晓敏仍然保持原来的状态，一点没有改变。就这样，蔡晓敏变得越来越沉默，越来越没有信心，她在公司的地位也变得越来越渺小。虽然蔡晓敏是高学历、高智商的人，但是始终没有被认可，更别提发挥自己的长处了。

自信足则气场强，底气足者气场足，用自身的魅力给气场加分。世界上没有一件事是一帆风顺的，就连吃饭也会有人被噎到，更何况是复杂的事情呢？上帝是公平的，做得到与做不到，只在一念之间，有信心的投入，地狱也会变成天堂。你所做的就是品尝胜利的果实，并得到更多的信心和勇气。

培养自信，你知道需要从哪些地方做起吗？

1.融入人群，敢做“主角”

一个总能站到中心位置的“主角”，身上会产生一种无比自信的气场。当你一出现在某个场合，就会立即吸引别人的目光，他们不由自主地被你俘获，愿意听你说话，向你表达真实的观点，并且非常欣喜地接受你的名片，与你建立长期关系。

2.寻找一个自信的环境

环境中最重要的组成因素是人，那么就从人开始。与自信的人交朋友，尽量避免与不自信的人交流。找个自信的老师。自信的老师会引导你，朝着前方迈进。不论你以前如何，记住，一切都可以变得更好，相信自己。

3.加强意志力训练

你应该不断训练你的意志力，养成蔑视生活中一切困难的习惯。要相信，凡是合理的事情都有可能实现。你很可能夸大了困难，如果是这样，你也能够贬低它。这项努力需要的只是时间与耐心，而倘若你经常做出以上勇敢的断言，也会有所裨益。

4.不断学习，增强自身能力

具备学习能力的人，通常都很自信，反过来也一样。真正自信的人，通常是因为相信自己的学习能力，所以面对挑战的时候，他们不怕，也不心虚，因为他们知道“大不了去学习”。

社交心理策略

一些人面对失败或是极坏的结果时，会认为自己一无是处，以自己做的某一件事的结果来评价整个人，评价自己作为人的价值，以致自责、自卑、自弃心理以及焦虑和抑郁的情绪。这种思维倾向会严重打击我们的自信心，使我们因为一两次的失败就一蹶不振。所以说，大家想要让自己在正确的人生轨道上行走，请记得保持自信，保持好心态。

遇事不慌，把镇定当做习惯

一个气场强大的人在遇到麻烦时是不会慌乱毛躁的，遇事慌乱是成功者的大忌。尤其是在面临比自己强大的对手时，如果乱了方寸，更会受制于人，落入失败的泥潭。在危机发生的时刻，只有让自己保持头脑的清醒，才可能在电光火石的瞬间看出对方的破绽或是问题的要害，从而找出破解之法。

有一天某个农夫的一头驴子，不小心掉进一口枯井里，农夫绞尽脑汁想办法救出驴子，但几个小时过去了，驴子还在井里痛苦地哀嚎着。最后，这位农夫决定放弃，他想这头驴子年纪大了，不值得大费周章去把它救出来，不过无论如何，这口井还是得填起来。

于是农夫便请来左邻右舍帮忙一起将井中的驴子埋了，以免除它的痛苦。农夫的邻居们人手一把铲子，开始将泥土铲进枯井中。当这头驴子了解到自己的处境时，刚开始哭得很凄惨。出人意料的是，一会儿之后这头驴子就安静下来了。农夫好奇地探头往井底一看，出现在眼前的景象令他大吃一惊：当铲进井里的泥土落在驴子的背部时，驴子的反应令人称奇——它将泥土抖落在一旁，然后站到铲进的泥土堆上面！

就这样，驴子将大家铲到它身上的泥土全数抖落在井底，然后再站上去。很快地，这头驴子便得意地上升到井口，然后在众人惊讶的表情中快步地跑开了！

相信这个寓言故事会给大家带来很大的启发，在困境面前我们可以选择放弃自己，也可以选择迎难而上，坦然面对。在故事中本来要活埋驴子的举动，由于驴子处理厄境的态度不同，变成了帮助它，这也是改变命运的要素之一。如果我们以肯定、沉着稳重的态度面对困境，助力往往就潜藏在困境中。

一旦涉及正事，有定力的人立刻显现出了他们的优势：沉默、不会意气用事和过于激动；考虑周全，就有计划性，也不会轻易吃亏；什么事都计算分析得清楚，所以总能找到解决问题的合理方法，比别人更先一步出手；遇事不慌，泰然处之，他们总能镇定自若的处理一次次突发事件。那么，你知道他们是如何做到这样的吗？或者是，这类人处事有什么技巧吗？

1.不断强化心理素质

要做到沉着冷静，就要摆脱和消除面对危机而产生的急躁不安、焦虑、紧张的情绪。混乱和捉摸不定以及缺乏驾驭局面的自信心，是引发焦躁的原因。所以，摆脱焦躁的方法就是认清危机情势，找到解决办法，强化心理素质。

2.保持平常心

就算是一点小事，只要人们表现出十分恐惧和慌张，就会令原本简单的事情严重影响心情，事情也越糟糕。有道是：“世间本无事，庸人自扰之。”所以说，只有平常心、淡定力才能使自己遇事不慌张，从而达到解决事态的最佳效果。

3.遇事不互相指责，互相抱怨

遇到事情，在责任不明确的情况下，人们往往会互相指责，互相抱怨。这种指责和抱怨往往比突发情况带来的伤害更严重，因为它伤害了彼此之间的感情，给两人的接触和交往蒙上了阴影。因此，不论发生什么事情，永远不要抱怨别人，主动承担责任往往显出你的大气。

4.深呼吸，放松神经

遇事时一定要先深呼吸，稳定心态。遇到事情时不慌不忙，要知道越是慌就越是容易出错，所以要平静下来。最好的办法就是想：你现在做的事就是需要你的冷静深思熟虑才可以完成的，这样就会放松许多。

社交心理策略

做人也好，办事也罢，难免会遇到一些棘手的情况，怎么办？在这个时候你千万不要慌乱不堪，不知所措。如果此时你能够表现出冷静自若，临危不乱，你就会正确处理好这些出乎预料的情况，取得的效果也会比别人好得多。

击中要害，把话说到点子上

刘越是某中学的一名普通教师，在学校里和校长不是很亲密。有一次，校长由于肠胃疾病复发住院治疗，刘越听到后便买了一些营养品，去医院看望校长。

看着病床上躺着的校长，刘越诚恳地对其老伴说：“伯父，您的孩子在外地上大学不能回来，而您又这么大年纪，像这样日夜照看，身体怕支撑不下来。我年轻，身体又好，如果您需要我来替您照顾一下校长的话，您尽管说，不要太客气了，再说现在也不是客气的时候。”

几句掏心窝子的话一说，立即把她和校长及老伴的关系拉近了许多。这以后，校长对刘越的态度特别亲热，老远见到刘越就打招呼，工作上也特别照顾。

而事情也巧，校长出院后的两个星期，学校里要选一个年轻人出国深造，然后再回校执教来挑起学校的重担。这件事经过千挑万选，最后人选确定在刘越和韩亚之间产生，而大权握在校长手里。

韩亚平时和校长的关系并不是很亲，平日联系的也比较少，此刻为了能得到这次机会，对校长的态度来了个一百八十度的大转弯，上班时端茶送水，休息时便拎着礼物去和校长沟通一下感情。真是“平时不烧香，用时猛上香”。这种人是很让别人看不惯的。结果是学校派了刘越出国深造，韩亚失去了机会。刘越学成回校后，大胆革新，得到领导器重，一路平步青云。

想必刘越当初也没想到，去医院探望校长时说那一番话会产生这么大的效果，但事实却向她证明了她行动的正确性。少些功利性，多以平常心来为别人想想。“设身处地，由己及人”，这正是人际交往中的原则。

把话说到点子上，事半功倍，说不到点子上，就事倍功半。中国有句古话：“打蛇打七寸。”意思就是说，说话要抓住关键，找到影响问题的关键因素，用最有力的语言来让对方的心灵颤动，迫使他进行思考与分析，从而主动拉近与你的距离。想要在社交场合与对方成功交谈，那你必须懂得说话的艺术，语言直击要害，要想做到这点，你需要从下面几点入手：

1.说话时语言要简洁明了

在当今快节奏的社会，人们不喜欢那些繁杂冗长、晦涩难懂的空话或者套话。说话，尤其是演讲，要做到简洁、明快，使词汇更加丰富、思路更加清晰是赢得掌声的关键所在。如果词语匮乏，必然导致词不达意、啰嗦十瘪；如果思路不清，会让听众不知所云。

2.挑选对方最感兴趣的主题

谈话中，要尽可能地挑选对方最感兴趣的主题。假如你要说关于提高营销效率的问题或要把某项计划介绍给某公司董事会，那你就要强调它可以带来的众多利益及好处。你要劝说某个人接受某项任务，就要着重讲怎样才能使他们能够顺利、轻松地完成任务。

3.说出谈话的中心点

说话之前应该把自己要说什么、先说什么后说什么、重点说什么，在脑子里快速地整理好。这样，时间长了，你说话就会观点清晰，富有逻辑性。此外，还应该让自己的舌头在嘴里转个几圈，把那些多余的废话转掉，说一些简单明了的话，以免废话阻挡了重点内容的表达。

4.不要啰哩啰嗦

举例来说，许多人在好奇的时候常常会说："怎么回事怎么回事？"其实，一个"怎么回事"就足以表达你的疑惑之情，为什么偏要多加一个呢？还有的人答应别人一件事情的时候，常常说："行行行……"一连说上好几个。如果你有这个毛病，还是改一下比较好。

社交心理策略

沟通过程中，作为沟通的主导方，必须要直白明了地陈述自己的思想，力求意思明确、语句清楚、词达其意。不得模棱两可，让人无所适从；不得回避矛盾，要善于把问题摆到桌面上来，能够真正抓住关键，突出重点，一针见血，一语中的。

适度高调，吸引更多注意力

在生活中，经常会发生这种事情，比如，当你进入某个场合一段时间后，做了很多努力却没有任何人关注你和认可你。毋庸置疑，此时你可能已经陷入了"隐形人"的尴尬境地。这是为何呢？因为你太低调了，以至于无法吸引他人的注意力，无法让人感受到你的与众不同。毋庸置疑，这种现象并不是对你很有益处，很多时候它会阻碍你的发展，疏远你与他人的距离。所以说，必要的时候，我们也应该适度高调一点，这样你才不会成为他人眼中的“隐形人”。

梁元是四川人，有一年夏天和同事陈航一起被派到上海出差。期间，梁元被上海的同学邀请去参加聚会。恰好陈航也没事，经同学同意，也一起参加了。

梁元性格内向，为人低调，穿衣戴帽的也不讲究。酒场上，同学介绍他人座后，他自我介绍了一下，基本上就没怎么发言了，只是听从大家的号召，喝酒、吃菜、倾听。人家在那天南海北地聊天，他就当个好听众，竖着耳朵听。

然而，陈航则和梁元则是完全相反，一身名牌，烟酒均沾，对奢侈品也颇有研究，名烟、名酒、名茶都懂得不少。虽然和大家第一次见面，但无论什么话题，他都能说出个一二三来，尤其是对四川的那些美食，给大家介绍得很详细，他简直就是个行家。陈航那一身名牌给大家带来了很好的话题，而他的烟酒茶知识又让大家学到了不少东西，所以在场的人都记住了他。

散场的时候大家都互留了电话，可是梁元的电话除了他的同学以外没人打过，而第二大上午就有两个朋友拨通了陈航的电话，要和他进一步交流。而那两个人都是在上海很有来头的人，后来，他们给陈航提供了很多工作上的便利。

在这个饭局，梁元仅仅是吃了一顿饭而已，还没有吃饱。而陈航则“赚大了”，认识了不少朋友，提高了自己的知名度，拓展了自己的人脉。

很多人喜欢做默默无闻的“金子”，等待着让自己发出光来，被别人发现和认可。事实上，这个世界上的“千里马”很多，懂得欣赏的“伯乐”却很少。要想被别人重视和认可，就要适当地高调一些，大胆地表现自己，让自己与众不同，这样才能让自己的气场更强。

不要骄傲自满并不意味着一个人应该永远低调。适当的低调以表示自己的谦虚，能获得他人的认同，并获得更多的知识。但永远把自己放在不恰当的低位置上的人，只会让人以为这是一种做作的姿态，并非真实的自我，这无疑让人产生距离感。所以说，有的时候，该高调一点就适度高调一点，相信这样的你更能得到大家的喜爱。

“高调”是有讲究的，并不是大家以为的目中无人、恣意妄行，做到“高调”你需要谨记以下几点：

1.多点自信，敢于自夸

如果你一再地谦虚，等着别人来发现你，那么你注定会失去很多机会，因为被人发现是需要一定的时间的。所以，抓住机会，及时的自我推荐显得尤为重要。对自己进行夸奖的时候，要有勇气，自信一些，因为你在为自己争取机会。

2.高调，不是吹捧

一些人一旦做出了业绩便不可一世，到处宣扬，唯恐别人不知道，以求博得上司的欣赏，但却常常换来同事的排挤和上司的打压。对待工作，你要以十二份的热情去完成它；而对于取得的成绩，要低调处理，不要刻意去宣扬，否则会让人曲解你的用意和为人。

3.做点大话训练，很有必要

缺少足够的信心和胆魄，也是很多人不敢表现自我的重要原因。敢吹牛的人至少有两个优势：首先他比较自信，起码对自己的未来充满信心；其次他不担心失败，有较好的心理承受能力，不担心失败后的冷嘲热讽。

社交心理策略

与低调做人相对应的，在专注工作方面则要学会高调、要用心，任何大的成功，都是一点一滴累积而来的。没有做不到的事，只有不肯去做的人。那些充满乐观精神、积极向上的人，总有一股使不完的劲，神情专注，并且主动找事做，在实干中实现自己的理想。

一个有追求的人更有魅力

人如果没有追求，那就永远没有进步。歌德说：“谁要是游戏人生，他就一事无成；谁不能主宰自己，永远是一个奴隶。”同样含义的话在伯乃德那里就表述为“一个人如果认为自己在一生中能干一番不同寻常的大事，就比没有远大理想的可怜虫，有着更多的成功机会。”总之，一个有追求有目的的人，做起事来才有气场，才能得到更多人的尊重和喜爱。

王贝贝今年22岁，是一名普通本科院校的毕业生。毕业之后，王贝贝一心想着早点工作，早点赚钱，贴补家里的开支。但是一切并非她想象的那么美好，毕业后的两年里，她有很多喜欢的工作，但是都因为学历而被拒之门外，很多工作她根本没有办法入手。于是，王贝贝决定要考研究生了。

从那以后，在工作之余王贝贝总是抽时间去复习，尽管这两年以来她从没有看过专业书，可是她底子扎实，所以并不是难事情。王贝贝权衡利弊之后，在众多的高校中，选择了北京的一所高校，她觉得这所学校的外语系应该能给她带来想要的东西。

经过整整一年的准备，王贝贝参加了这年的研究生考试，可是由于之前她对研究生考试了解得不够透彻，再加上两年多了没有参加考试，有些生疏，她的成绩比录取线远远低了30分。当她得知这个成绩后，并没有太大的失望和遗憾。

于是，王贝贝再次投入了复习之中，不但学习了新的课程知识，而且还把从高中到大学所要考到的知识点一个不落地复习了一遍。当然，这占去了她大部分的业余时间。这一年，王贝贝几乎很少和朋友们聚会，即使跟男朋友的约会也少了很多。她的目标只有一个，那就是一定要考上今年的研究生。可是，事与愿违。在第二年的研究生考试中，可怜的王贝贝再次名落孙山。她的成绩只比录取线低了5分。想想这一年付出的努力，她有些灰心和失望了。但很快，她就从这种阴影中走了出来，因为她看到了30分跟5分之间的差距，她的努力并没有白费。

于是，王贝贝开始了第三次的复习，她投入了更大的精力去学习，去努力。平日里她完成公司安排的工作任务之后，就抓紧时间学习。就连吃饭、上厕所，她也在学习。整整一年的时间，她都在全力以赴地学习。

功夫不负有心人，王贝贝的付出终于有了回报。在第三年的研究生考试中，她终于如愿以偿，拿到了心仪大学的入学通知书，而且这次的分数远远超过了分数线。那一刻，王贝贝露出了得意的微笑，也再次感受到了那份成功的喜悦和兴奋。

人的活动如果没有梦想的鼓舞，就会变得空虚而渺小。若是每个人都拥有五彩缤纷的梦，每天都充满希望，不停进步，生活肯定很充实。空虚并不可怕，摆脱空虚也并不困难，只要重新找回自己的梦想便可。

做一个有追求、有梦想的人并不难，只要你用心去努力、去实践，那么终有一天你会活出一个不一样的自己。做一个有追求，有梦想的人，需要注意以下几点：

1.做事有目标

设定目标是成功的开始。无论人生的哪一个阶段，你都要有一个适合自己的发展目标，并且坚持着自己的目标。有了目标，你的生活会充满着憧憬和希望，能够时刻以一种乐观向上的姿态迎接挑战，就算跌倒也会很快找到爬起的支点，一步一步地向成功迈进。

2.为了追求，懂得坚持

轻易放弃，总嫌太早。越是在困难的时候，越要再坚持一下。有时，在顺境时，在目标尚未完全达到时，也要再坚持一下，不要因小小的成功就停步不前。请再坚持一下，当你遇到困难时，当你获得小胜时，当你就要绝望时——坚持就是胜利！

3.努力实现自己的梦想

要想成功，就需要拼搏，没有人随随便便就成功，所有的成功都是靠付出和拼搏换来的。失败者之所以失败，因为总是浅尝辄止；成功者之所以成功，在于能够不断拼搏直至到达成功的彼岸。选准目标，努力拼搏，你就会看见希望之光，并将梦想变为现实。

社交心理策略

雨果说：“有了物质，人才能生存；有了理想，人才能生活。生存与生活有什么不同呢？动物是生存，而人则应该生活。”在追求理想的过程 中体验生活，我们的人生会无比充实，我们的每一天都将是快乐的。

第二篇

交 往

第06章　心明眼亮，学一些结交益友的心理策略

你想过如果没有朋友，生活会是什么样子吗？也许你从来都没有思考过这个问题，那是因为我们每个人都需要朋友，也都有朋友。那么你愿意和怎样的人成为朋友？你会对怎样的人敬而远之？你又会采用怎样的方式和陌生人交朋友？其实，这些都是你在社交中需要思考的问题。交友是人类的心理需要，多交朋友无可厚非，但有的人却笃信多个朋友多条路、四海之内皆朋友、为朋友两肋插刀等信条，在交友过程中缺少必要的常识和足够的警惕，或盲目自信、失去原则，或轻信他人、滥交朋友，结果事与愿违，自酿苦果。

益友还是损友，请你先分清楚

俗话说："在家靠父母，出门靠朋友。"朋友对一个人思想言行的影响不可谓不大。与正直的人交友，可以使自己积极向上；与颓废的人交友，可能会使自己不思进取。可见，交友不慎，就很可能导致人生偏离航向。为此，交友应讲策略，多交益友，远离损友。

花季年龄，正是在校园读书学习的美好时光，可是我们怎么也想不到，这个年龄的杨晓春却住进了戒毒所，一个孩子竟在遭遇着这样的不幸。在戒毒所的这些日子，杨晓春的头脑才逐渐清醒，她终于认识到交友不慎的后果了。

最初的时候，杨晓春也像那些在校园里的活泼孩子一样，热情开朗，可爱清纯，无论走到哪里总能交到贴心的朋友，好姐妹不计其数。但是，杨晓春有一个很大的弱点，就是分不清好坏朋友。其中一些好姐妹是在一家新开的酒吧结识的。那天，杨晓春跟着她的舍友艾丽去酒吧体验生活。本来一开始杨晓春不敢去，但是经不住艾丽的语言诱惑，还是乖乖跟着去了。在那里，杨晓春

意外地结识了一群活泼的女孩子，并被她们身上的叛逆劲儿给深深吸引了。毕竟在这之前，杨晓春从来都没有接触过这样的人，看着她们在酒吧跳得那么投入，杨晓春真的是被她们吸引了。于是，杨晓春不顾其他舍友的嘱咐，毅然地走进了她们的圈子。

在杨晓春看来，和这些叛逆的女孩子交往也没什么不好，活得很潇洒，至于被她们带坏，那是不可能的事情，她相信自己还是有原则的，只不过是想跟她们在一起寻开心罢了。就这样，杨晓春经常参加她们的活动，和她们一起唱歌、逛街，甚至一起吃饭、睡觉。刚开始，听到她们说着粗野的话，她就在一边偷笑，觉得很好玩儿，渐渐地她就被传染了，也开始不自觉地说起脏话来，原本说话细声细气的她现在不亚于高音喇叭。她的这些变化让室友很吃惊，室友提醒她不要再和那些人来往，可是杨晓春哪里听得进去，还劝室友不要把人想得太坏。

悲剧的一天终于到来了，杨晓春受她们的诱惑开始吸毒了。刚开始，杨晓春只是觉得好奇，看着她们把白粉吸进去之后那舒服劲儿，她就忍不住想试试，谁知很快就上瘾了。从那以后她对毒品的依赖程度越来越严重，最后居然开始注射毒品，要不是及时被警方发现，送去戒毒所强制戒毒，杨晓春现在恐怕已经被毒品折磨得不成人形了。

朋友有很多种，简单地说，朋友有好朋友，也有坏朋友。交到一个好朋友对我们的学习生活都有很大的帮助，而交到一个坏朋友往往阻碍了我们正确的价值判断和行动决心。那么如何交到好朋友呢？俗话说“益者三友，损者三友”，可以根据以下品质来判断朋友的好坏。

1.能同甘，但是否能共苦

朋友，不仅仅是在那欢歌笑语中和睦相处，更是要在那困难挫折中互相提携，相濡以沫。有的人在无忧无虑的日常生活中，还能够和朋友嘻嘻哈哈地相处，可是一旦朋友遇到了困难，遭到了不幸，他们就冷落疏远了朋友，“友谊”也就烟消云散了。这种只能共欢乐不能同患难的“友谊”，不是真友谊。

2.是否自私自利没人情

“受害者”永远站在一个被人伤害、痛苦万分的位置上。无论是生活小事，还是感情中的分分合合，他们都会感觉如临大敌，赶紧找个朋友来倾诉，至于朋友深夜是否受到了打扰，第二天是不是还要早起上班，他们才不管呢。在他们的世界中，自己才是最重要的。

3.身心是否健康

与身心健全的人交往，不仅可以使自己得到别人的尊敬，而且也可以促进自己的身心健康，提高品德修养。有自尊心且身心健康的人，通常都有很强的个人主义意识，不喜欢轻易附和别人的意见。但其具有诚实的本性，不仅能忠实于自己，也能忠实于朋友。

4.是否宽容且积极向上

交一些宽容的朋友，他们能看到你的优点并容忍你的缺点，在他们面前，你心情轻松而有自信，有利于培养乐观心态。见闻广博的人，或知识丰富、学问渊博的人，或经验丰富、见多识广的人，都有利于提升你的智慧。

社交心理策略

米勒斯·门罗博士说过：交友的法则说明我们会变得越来越像我们身边的人。有两个词可以描述这种影响：强大和微妙。通常你没有意识到这种影响，然而，这种潜移默化的力量最终会决定你的未来——成功或者失败。

知己如珍宝般珍贵，请务必珍惜

鲍叔牙年轻时与管仲交往，彼此结下了深厚的友情。两人一起去做买卖，管仲常常分得四分之三的利润。因为管仲穷困，鲍叔牙认为这是应该的。又有一次，管仲为鲍叔牙做了一件事情反而使鲍叔牙陷入窘境，然而，鲍叔牙并没有怨恨管仲。

他们年轻时，曾秘密约定辅佐齐国君王建立霸业。管仲当公子纠的师傅时，鲍叔牙当公子小白的师傅。管仲对鲍叔牙说：“齐国必定是由纠或小白当上君主，其他公子不配继承。很幸运，我们在这两个优秀的公子身旁当师傅。不管谁继承王位，我们都要合力辅助君主。”

齐国的君主僖公死后，诸位王子相互争夺王位，到最后就只剩下小白与王兄公子纠争夺。管仲为了替公子纠争王位，还曾用箭射伤公子小白。最终还是小白回到齐国继承了王位，这就是齐桓公。

帮助客居鲁国的公子纠争王位的鲁国在与齐国交战中大败，只得求和。齐桓公要求鲁国处死公子纠并交出管仲。消息传出后，大家都同情管仲，如果被遣送回齐国，他无疑会被折磨致死。于是，有人说：“管仲啊！与其厚着脸皮被送到敌方，不如自己先自杀。”

管仲一笑了之。他说：“如果公子小白要杀我，当初我就该和主君一起被杀了。既然还找我去，就不会杀我。”就这样，管仲被押回齐国。出人意料的是，齐桓公马上任用管仲为宰相，这连管仲也没有想到。

管仲之所以能够当上齐国宰相，与好友鲍叔牙有很大关系。鲍叔牙救了他的命，并且推荐他为宰相，遵守了彼此的约定。在他们的共同努力之下，齐桓公平定乱世，成为开创霸业的先驱。

管仲曾经深有感触地说：“当初我贫穷时，曾与鲍叔牙一起做买卖。分财利时，我常常多占，鲍叔牙却不认为我贪，因为他知道我家贫。我曾经为鲍叔牙谋事，结果却使他更窘迫，鲍叔牙不认为我这个人很愚蠢，因为他知道时机有时有利、有时不利。我曾经几次出仕，屡次被国君罢免，鲍叔牙不认为我无能，因为他知道我没有遇到好时机。我曾经几次带兵打仗，不仅屡战屡败，还做过逃兵，鲍叔牙不认为我这个人胆小，因为他知道我家有老母需要供养。公子纠与公子小白争位失败后，我被囚禁起来，忍受侮辱，鲍叔牙不认为我这个人不知羞耻，因为他知道我不以小事为耻，而只耻功名不显扬于天下。所以说，生我的是父母，真正了解我的是鲍叔牙。”于是，天下人常常称道鲍叔牙有知人之明。

金钱易得，知音难求。难就难在心灵世界的一致，目标趋向的相同，言语行动的和谐，涵养气质的互补，学习工作的促进。知己的作用在鼓励，知己的价值在创造，知己的效能在激发。知己，是无价之宝。如果你身边有一位默默给你力量的知己，请善待他，珍惜他，因为他才是你人生中的一大至宝。

那么，什么样的关系才算知己呢？

1.知己要能够互相欣赏对方

相互欣赏是发自内心的惺惺相惜。两个人在一起需要相互欣赏，需要从对方身上看到优点，从而吸收为我所用，改变自身存在的缺点，自我完善、自我提高。同样，相互欣赏能够产生更多正能量，这些正能量能够伴随我们一生，帮助我们去完成更为艰巨的事情。

2.要有共同的兴趣和爱好

例如，俞伯牙喜欢弹琴，钟子期喜欢听琴，所以他们才能成为知己。反之，假如他们没有共同的兴趣爱好，相处时就会无话可谈、尴尬冷场，从而感到沉闷枯燥。其实，所谓的有共同的兴趣爱好就是指志同道合，有共同的志向和志趣、理想和信念。

3.困难的时候，知己是你的肩膀

知己，在你最困难的时候尽己所能帮助你，在你得意的时候祝福你、提醒你。你可以对这个人讲述不能跟爱人讲的话题，他会耐心倾听你的喜怒哀乐，他会站在你的角度为你说话，会在你被伤害的时候给你一个温暖的怀抱。

4.知己能把最坦诚的一面留给你

知己之间的坦诚是真心的，而不是假装出来的，是彼此之间的共鸣与诚恳。在知己面前，你无需隐藏什么，因为对方不会因为你的小缺点而对你有所偏见；在知己面前你能够做最真实的自己，你活得洒脱而不拘束，你能感受到满心的愉悦与轻松。

想结交知心朋友，首先要有一颗赤诚的心，凡事不要苛求朋友，多欣赏朋友的长处，才能做到彼此心心相印。另外，要绕过嫉妒，避开伤害，把快乐和开心留给朋友。这样，知心朋友便会在你欣赏的眼光中走来，走进你的生活里，与你同甘共苦。

时常问候，感情需要用心经营

很多人都有过这样的经历：当自己遇到了困难，认为某人可以帮自己解决时，本想马上去找他，但仔细想想，过去有很多时候本来应该去看人家的，结果都没有去，现在有求于人了就去找他，是不是太唐突了？甚至担心遭到他的拒绝，但是这有什么办法呢？这个事实告诉我们，有事没事都要常和朋友相互来往，不论对方是春风得意，还是正处于人生的低谷，我们都要“坚贞不渝”地保持联系，因为只有朋友之间没事多联系，在遇到事情的时候朋友才能够讲义气。

林杨与陈思是老乡，在同一个高中上学，恰巧两个人住在一个宿舍的上下床，每天一起吃饭，一起睡觉，情如姐妹。后来，林杨考进了北方的一所大学，主要读师范，陈思则考到了上海的一所大学。刚开始的时候，林杨和陈思还保持联系，经常写信互诉衷肠。随着时间的推移，她们在大学里结交了新的朋友，融入了新的生活，渐渐地，她们的书信越来越少，甚至于即使有了手机，也很少打电话。林杨毕业后回到县城当了一名教师，每个月拿着死工资，过着按部就班的生活。陈思毕业后去了上海，进了一家互联网公司，从事运营工作。有几次，陈思回老家看望父母，林杨虽然知道陈思回来了，但是都推说有事情而没有与陈思见面。

突然有一天，林杨打电话给陈思，很怀旧地说了一些高中时代的事情，又说了一些近况，谈话之间，两个人都不胜唏嘘，觉得时光如逝。让陈思措手不及的是，林杨话锋一转，唐突地说：“小思啊，你现在混得真好啊，在大都市，工资待遇一定是我们这些小地方的普通职工所想不到的吧！你看，你能不能借我些钱，我想在县城买套房子。以我每个月的工资来说，实在是不知道何年何月才能凑齐一笔钱买房啊！”陈思的脑袋还没有从兴奋之情中转过来，不由得愣住了。虽然陈思在大上海工作，但是因为刚刚毕业，工作经验少，而且刚到新单位，所以，只是一个普通得不能再普通的小员工，每个月的工资在付了房租、车费、生活之后，所剩无几，哪里有能力帮助林杨呢。况且，陈思在大城市生活，也想早日扎下根来，所以，虽然毕业第一年攒了几万块钱，但是都买基金了。她觉得自己不可能有多余的能力帮助林杨，于是婉言回绝了林杨。

从那过后，林杨和陈思又恢复了之前的状态，虽然有彼此的电话号码，但是很少联系。

平时不联系，只要联系就有所求的人，恐怕谁的心里也会反感吧！在人际交往中，要得到别人的喜欢，就得让别人熟悉你，而熟识程度是与交往次数直接相关的。交往次数越多，心理上的距离越近，越容易彼此了解和建立友谊，由此形成良好的人际关系。

1.重要的时刻，你要出现

在节日时打个电话给朋友；在朋友生日时，送一份祝福给朋友；休息时多约朋友出去参加一些活动，哪怕只是简单的吃个饭；朋友邀请你参加他的活动时，你尽量去参加；许久没有朋友的消息时，主动询问一下他的近况；得知朋友遇到困难时，主动伸出援助之手。

2.患难见真情

遇到对方有困难的时候，更应该勤加联系。如果朋友发生了什么不幸的事情，比如生病等，应尽量想办法在第一时间去看看。平日由于工作忙没有很多时间和朋友来往，但朋友遇到困难时一定要倾力相助，这样才能显出你们之间的深厚情谊和朋友在你心中的分量。

3.不要喜新厌旧

保证与老同事经常联系，也是经营人脉的一种手段。聪明的人绝不会在这方面犯“喜新厌旧”的错误，而是在和新同事发展友好关系的同时，不忘把老同事经营成稳固的人脉关系，为自己的职场之路铺就更广阔的平台。

社交心理策略

我们千万不要平时不联系，一联系就有事相求。抱着“无事不登三宝殿”的心态对待老朋友是非常危险的，对方会认为我们是在用彼此的感情来做交易，根本不看重彼此的情谊。如此，再深厚的感情也会土崩瓦解。

和谁在一起，真的很重要

牛顿说：“如果说我比别人看得远些的话，那是由于我站在了巨人的肩上。”牛顿这是在对前人的智慧和成果表示感谢，其实，对于个人发展来讲，关键时刻，你和谁在一起决定了你的命运。

刘子琪是一名普通的办公室文员，她来自一个蓝领家庭，平时不怎么喜欢结交朋友。和她经常在一起的几个朋友，也同她一样，都是一些为了生活而到处奔波的打工者。为此，刘子琪时常郁闷，为什么自己和朋友就永远都只能做一个打工者呢？

在刘子琪的公司里，和她一个部门的谢睿歆却是一位很优秀的经理助理，而且拥有许多非常赚钱的商业渠道。她生长在富裕家庭中，而且她的同学和朋友都是学有专长的社会精英。相比之下，刘子琪与谢睿歆的世界根本就是天壤之别，所以在工作成绩上也无法相比。

因为刚来公司不久，刘子琪不知道该如何与来自不同背景的人打交道，所以少有人缘。一个偶然的机会，刘子琪参加了某项职业能力提升培训，她才得知，原来自己之所以一直这样默默无名，是因为和自己所结交的人和事有很大的关系。

她回家后仔细地分析了一下，因为平时和那些姐妹们在一起不是抱怨生活，就是抱怨自己的命运有多么的坎坷。而且那些朋友通常也和她一样，常常为了一点事情就沮丧不欢。真正出了什么事情，彼此之间却因为能力有限而帮助不了对方。

从那以后，她开始有意识在公司和谢睿歆联系，并且和谢睿歆建立了良好的私人关系。私下里，她通过谢睿歆认识了许多大人物，而事业上的局面也有了新的篇章。

其实，大家应该懂得，随着时间的推移，我们会在心里塑造出自己和与自己相似的人的形象，会有和这些人相同的价值、态度、行为、思想、意识形态及信仰。因此，善于发现并转化他人的长处，善于把握人生的机遇，对待他人的成功像对待自己的成功一样充满热情。如此，在静观中获得远见，借人之智，成就自我。

有句话说得好，“你是谁并不重要，重要的是你和谁在一起。”有句西方谚语还说，“你认识的人决定你的未来”，意思就是说，现在你见到的人是谁，你认识的人是谁，将会决定你的未来。可是，这为何会有如此大的影响力呢？

1.和谁在一起，关乎你的人生目标

当你和比你优秀的人在一起时，你就有前进的目标。在你犯错失败的时候，他会帮你检查总结教训；当你的努力成功的时候，他会提示你重新给自己定位。与这样的人在一起，他总是在有形无形当中，帮你修正前进的方向，让你离成功越来越近。

2.和谁在一起，关乎你的人生态度

由于诸多无法掌控的因素，你身旁约有80%的人都是不甚积极、没野心、没有目标、不太成功之辈。他们在生活中并没有很大的成就，每天都在浪费时间，牢骚不断，并且一逮到机会就抱怨个没完。假如你和这种人在一起，你就会变得像他们一样。

3.和谁在一起，关乎你的人脉资源

这是一个人脉成就事业的年代，无论你是做大事还是干小事的，都离不开人脉资源。只有你拥有了更多的客户资源，才能把自己的产品卖给更多的人。所以你要想在社会上干一番成就，就必须坚持不懈地多结交有人脉的朋友。

社交心理策略

成功不在于你知道什么，而在于你选择和谁在一起。好的人脉圈就是成功路上的助推器。要选择好那些能够改变自己命运的人。选择的人层次越高，那么改变命运的机会就越多。把选择领导视为改变命运的机会，好好把握，命运肯定会发生根本的改变。

第07章　把握分寸，说话做事点到为止不伤人心

君子有所为，有所不为。聪明人的嘴也一样，有所言，有所不言。但偏偏就有些人非常“热心”，或者就是闲着无事，喜欢捕风捉影，说些无根据的话，结果传来传去，就成了一把伤人的刀。因此，在与人沟通的过程中，我们一定要给自己的嘴巴把好门，否则终有一天麻烦就会找上门。一个说话有分寸的人，在与人交流中总能够给人一种很稳重的感觉，彰显自己的个人魅力，从而能够给他人一种可以信赖的感觉，对方也会将自己的内心完整地展露在你的面前，从而信赖你的人品，最终实现识心的目的。

嘲笑易伤人，别做贬低自己的事

嘲笑他人必将到处树敌。在当今社会中，人际关系非常重要，嘲笑他人是一大忌。现实生活中很多人平时总是嘲笑他人缺点，却不知道今天树的敌成为了日后财富之路的绊脚石。真正有素养的人会始终如一地谦逊待人，因为他们觉得自己也有过无知的阶段和经历。当自己懂得较多而嘲笑别人无知的时候，一来显示出自己缺乏素养，二来说不定对方其实是深藏不露呢。

一棵无花果树枝头挂满了青青的果子。无花果树发现，一棵大树挡住了它的阳光，这棵遮挡阳光的树上一个果子也没有。

无花果树很生气，于是就对那棵树说道：“你是谁，敢把我的阳光夺走！”

那树回答：“我是一棵老榆树。”

无花果树说：“你连一个果子都不会结，还站在我的面前，难道不感到害羞吗？等着瞧吧，我的青果子成熟落地以后，每一个果实都会变成一棵大树，

组成一片茂密的树林，把你团团地围住！”

不久，一队士兵从这儿路过，发现了这棵果实累累的无花果树，于是立刻爬上去摘果子。结果可想而知，树枝被踩断了，树叶被弄掉了，所有的无花果一个也不剩地全被采光了，可怜的无花果树只剩下光秃秃的树干和断枝残叶。

老榆树感慨万千，十分同情地对无花果树说：“无花果树呀，如果你不曾结果实，如果你不想入非非，那么你也不会变成今天这副可怜的模样啊！”

上面这个故事中的无花果树，因为瞧不起老榆树而对其肆意嘲讽，结果落了个果实被采光，只剩下残枝败叶的下场。

其实，在现实生活中，很多人也是喜欢嘲笑他人的。这是对自己素质的一种贬低。人无完人，你不可能期望别人是完美的，每个人都有优点，也都有缺点，所以，你在嘲笑他人缺点的同时，也应记住：自己说不定也有同样的缺点。

把欢乐建立在别人的痛苦之上是错误的做法。谈话应该是文明的，只有如此，你的语言才会像春风化雨，像甘露一样滋润每个人的心田，也才会有更多的人和我们一起走向幸福的明天。

那么，我们应该怎样做才能远离嘲笑，不在别人的伤口上撒盐呢？

1.不揭人短处

在任何情况下都不应该揭人短处。可以说揭短比打人骂人还容易伤人感情，有时甚至是终生难忘的。所以只有避免谈及他人的短处，才容易与他人建立感情，形成融洽的交谈气氛。

2.不幸灾乐祸

当身边的人遭遇困境时，即使你不愿意伸出援助之手，也千万不要去嘲笑别人的不幸，更不要幸灾乐祸。毕竟，谁能保证自己永远幸福、永远走运呢？昨天还在嘲笑别人倒霉，今天自己也同样成了倒霉蛋。这样的事每天都在发生。

3.提升自己的修养

心怀大志、恪守诚信、严于律己、宽以待人就能使自己形成人格魅力。另外，拘小节才不会失大德、毁大志，因此拘小节才是智者应有的风貌。只有不嘲笑别人，我们的社交之路、人生之路才会更加的通畅。

笑，对一个人的生活有着很大的影响。它关系着我们的健康、我们的心情、我们与他人的沟通、我们事业的成败、我们生命的意义，但如果笑得不是时候，笑得不是场合，则会物极必反。

处处揭人短，是没素质的体现

杨晓燕生性活泼，说话没有顾忌，结果养成了喜欢揭别人短处的毛病。杨晓燕和王珊珊在同一家公司上班，两人经常在一起，所以王珊珊经常成为杨晓燕的打击对象。

因为王珊珊受她爸爸的遗传影响，很小就开始掉头发，尽管到处求医，花了不少钱，可头发还是脱落得差不多了，能明显地看到稀疏头发下的一片片头皮。为此，她不得不买假发戴上，而她的痛苦也从此开始了。为此，杨晓燕常开王珊珊的玩笑，说她戴了一顶“皇冠”，还建议她去给假发染色，有时甚至要给她梳辫子。

王珊珊一直很反感，但由于是好同事，她也不好发作翻脸。有时笑笑，有时说对方两句，大多数情况下只好忍着，但心里却异常痛苦。

有一次，单位搞聚会，杨晓燕提出要看看王珊珊的“真面目”。王珊珊拒绝后，杨晓燕竟拉住她，强行解开了她的假发，王珊珊就跟杨晓燕吵了起来。从此，两人便彻底断交。

杨晓燕老拿别人的身体缺陷来开玩笑可能也不是恶意的，但对王珊珊来说却是很深的伤害。

我们每个人都会有缺陷、弱点，这也许是生理上的，也许是隐藏在内心中的不堪回首的经历。尤其是在生理上的缺陷，本人无法去改变它，而且内心也时常为此懊恼。因此，不可以拿对方的缺陷来开玩笑，就算为自己的利益着想，也不应去触痛别人的疮疤。其实，一个人如果总是喜欢做一些揭人伤疤的事情，当事者周围的人也会对你产生厌恶之情，你的人品在他们心中就会降低。

明太祖朱元璋出身贫寒，做了皇帝后自然少不了有昔日的穷哥们儿到京城找他。这些人原以为朱元璋会念在昔日共同受罪的情分上，给他们封个一官半职，谁知朱元璋最忌讳别人揭他的老底，以为那样会有损自己的威信，因此对来访者大都拒而不见。

有位和朱元璋一块儿光屁股长大的好友，千里迢迢从老家凤阳赶到南京，几经周折总算进了皇宫。一见面，这位老兄便当着文武百官大叫大嚷起来："哎呀，朱老四，你当了皇帝可真威风呀！还认得我吗？当年咱俩可是一块儿光着屁股玩耍，你干了坏事总是让我替你挨打。记得有一次咱俩一块偷豆子吃，背着大人用破瓦罐煮。豆还没煮熟你就先抢起来，结果把瓦罐都打烂了，豆子撒了一地。你吃得太急，豆子卡在嗓子眼儿还是我帮你弄出来的。怎么，不记得啦！"

这位老兄还在那喋喋不休唠叨个没完，而宝座上的朱元璋再也坐不住了，心想此人太不知趣，居然当着文武百官的面揭他的短处，让他这个当皇帝的脸往哪儿搁。盛怒之下，朱元璋下令把这个穷哥们儿杀了。

有心也好，无意也罢，揭人之短都会伤害对方的自尊，轻则影响双方的感情，重则导致友谊的破裂。所以，与人相处要了解对方的长处，也要了解对方的不足，这样才能"知彼知己，百战不殆"。

1.了解他人的长处和不足

要做到待人处世不揭人短就既要了解对方的长处，也了解对方的不足。要善于择善弃恶，多夸别人的长处，尽量回避对方的缺点和错误。

2.尊重他人隐私，给人留面子

人们之所以有忌讳，讨厌别人揭自己的短处及隐私，说到底是自尊心问题，觉得脸面上过不去。所以，你如果想获得朋友，就一定不要触动他们的忌讳之处。有时，你随口谈一点什么事，也很可能被视为对他的挖苦和讽刺。

3.对待别人，多点宽容与善良

做到不揭人短，还要有一点宽容和善良之心，不要把别人的观点、做法看得一无是处。俗话：“人活一张脸，树活一张皮。”没有几个人不在乎自己的颜面。聪明人会尽量给他人留面子，因为他们相信，只有自己处处给别人留足面子，自己才会收获面子。

社交心理策略

世间没有十全十美的人，凡人皆有其长处，也有短处。在谈话当中，你要极力避免说别人的短处，否则不仅使别人的尊严受到损害，而且足以暴露你品德的缺点。宇宙之大，谈话的资料取之不尽，何必一定要把别人的短处当作话题？

小心伤人心，开玩笑要有底线

开玩笑是幽默的一种表现，是人们生活中的调味剂。有人说过：“人生就像一顿大餐，而幽默就是这大餐中的调料。”是的，如果一顿大餐缺少了调料，那何来的美味呢？如果没有玩笑，生活也就会变得没有乐趣。但是，开玩笑也是有讲究的，否则容易得罪人。所以，我们一定要记得说话的分寸，千万不要因玩笑而给自己和他人带来不好的心情。

包钢是厂里唯一的机修师傅。今天是4月1日，而且是星期天，但是因为这几天是试用期，所以包钢还是准时到厂里上班。因为来时双方就谈好了，半月后看双方是否满意，然后签订用工合同。现在马上就到半月了，包钢单方面觉得工厂还不错。

上午，包钢正忙着整修一台电机。主管过来对他说：“包钢，是这样的，厂里觉得你做事挺不错，所以决定让你今天把合同签了，月薪是2000元，你要觉得合适，就把合同签了吧。”

“什么？”包钢听后吃惊地说，“不是说好是2500元的，怎么少500元呢？”包钢走进车间，把工具一丢，在旁边生起气来。正好厂长过来检查，看到后就问他：“怎么回事，怎么闹起情绪来了？”包钢非常生气，就对厂长说：“本来说好是一月2500元的，怎么厂里还出尔反尔啊？”

厂长一听，好奇了，就问旁边的人员：“这个机修人员的工资到底是怎么回事？”问清楚来龙去脉之后，才知道，今天是愚人节，主管只是给包钢开了一个玩笑。结果，就闹出了这样一件事。

最终，包钢还是离开了这家工厂。

随便开玩笑并不是一件好事，从上文我们就能看得出。主管拿着包钢的工作大事开玩笑，严重惹火了包钢，最终闹得同事关系不好，厂里也失去了一名人才。

开玩笑随意性固然很大，但要注意的禁忌也很多。玩笑中蕴含着深刻的智慧，千万不能乱开。开玩笑应有尺度，有分寸，否则伤害人、得罪人而不自知，就得不偿失了。因此在开玩笑之前应该三思，以免出口成刀，伤害他人。

1.开玩笑，要分清对象

当老辈人开玩笑时，自己以小辈或晚辈身份在场时，最好不要掺言，只若无其事地旁听就是；和残疾人开玩笑，注意避讳，人人都怕别人用自己的短处开玩笑，残疾人尤其如此。俗话说，不要当着和尚骂秃子，癞子面前不谈灯泡，就是这个道理。

2.开玩笑，要分清场合

在某种情感色彩氛围很浓的场合中，人们的言行要与此情此景相一致、相融合。比如，在喜庆的场合，人们的言行就应有更多的欢乐色彩，彼此在情绪上才能产生共鸣；在悲痛的场合，人们的言行应更有人情味，更富同情色彩，才有助于感情的沟通。

3.开玩笑，要态度友善

与人为善是开玩笑的一个原则。开玩笑的过程是感情互相交流传递的过程，不能借着开玩笑对别人冷嘲热讽，发泄内心厌恶、不满的感情。也许有些人不如你口齿伶俐，表面上你占了上风，但别人会认为你不能尊重他人，从而不愿与你交往。

4.开玩笑，要找好主题内容

找一些高雅的话题，切忌讲一些庸俗的笑话。有些人喜欢开一些低级下流的玩笑，这种玩笑庸俗无聊，不但有损自己的形象，而且对于周围的人可能也是一种玷污。低级庸俗的玩笑，难登大雅之堂，最好不要以这种玩笑取乐。

开玩笑本来是一种调解谈话气氛的良好方式，但如果使对方太难堪了，就并非开玩笑之道。你笑你的同学考试不及格，笑你的亲戚做生意上了当而亏本，笑你的同伴在走路时跌了跤……这些伤心事，你却拿来取笑，这不仅会使对方难以下台，还会让人感觉到你的冷酷。

触碰他人隐私的话，千万不能说

罗曼·罗兰说：“每个人的心底，都有一座埋葬记忆的小岛，永不向人打开。”马克·吐温也说过：“每个人像一轮明月，他呈现光明的一面，但另有黑暗的一面从来不给别人看到。”这座埋葬记忆的小岛和月亮上黑暗的一面，就是隐私世界。隐私，即不愿告诉他人和不愿意公开的个人情况。国内外的社交活动中均尊重个人隐私权，凡涉及个人隐私的问题，在交往中均应回避，否则就会引起对方的不悦，自己也感到尴尬。

晋文公重耳在没有继位的时候，由于宫廷变故，不得不四处逃亡。在他所经过的国家，有的能以公子之礼待之，有的却因为他落难而瞧不起他。

重耳一行自卫国经过曹国，曹共公也不以礼相待，但听说重耳的肋骨生得连成一片，因此就很想看看是什么样子，便将重耳等安排在旅舍里。曹共公打听到重耳将要洗澡，支了很薄的帐幕偷偷观看。曹国大夫僖负羁的妻子对她丈夫说：“我看晋公子是个贤人，他的随从都是国相的人才，辅佐晋公子一人，将来必定能回到晋国即位，等到晋国讨伐无礼的国家时，那么曹国就是他首先开刀的了。你为什么不早一点表示自己的不同态度呢？”僖负羁便馈赠了一盘食品给重耳，盘底还放着一块璧。重耳接受了食品，退回了璧。

后来，经过了19年逃亡生活，重耳终于回国继位。他励精图治，使晋国发展成了一个富强的国家。

公元前632年，晋文公找了一个借口发兵攻打曹国并很快将其打了下来，曹共公和僖负羁都做了晋文公的俘虏。不过由于当年的一璧之缘，晋文公释放了僖负羁并善待了他。而曹共公则为自己当年的荒唐行为付出了代价，在晋国吃了不少的苦头。

最终，还是在晋国一个大臣的劝说下，重耳网开一面放了曹共公一马，让他回了曹国。不过，因为偷窥别人洗澡这种荒唐事而导致国灭被俘，也让曹共公羞愧异常。他乖乖跑回了曹国，再也不敢和晋文公作对了。

传播他人的隐私会造成不良的影响，会使他人感觉颜面扫地。对方也会对你恨之入骨，你与他自然会恩断义绝，也许在生活或工作中还会成为对头。同时，其他朋友、同事也会对你投来异样的目光，与你的距离将会越来越遥远。

朋友们请记住，任何人都有保留自己隐私的权利，不去探求对方的隐私，不去怀疑对方的隐私是不是有什么对自己不利，或有什么问题瞒着自己。越是追问对方的隐私，越是容易产生隔阂，就越会破坏双方的感情。

那么，对于隐私问题，我们有什么需要注意的地方呢？

1.不干涉，少打听

他人的隐私，我们要尽量不干涉，因为这个世界上没有一个人会喜欢干涉自己隐私的人。如果实在需要做一些与对方的隐私相关的事，也一定要见机行事，要懂得见好就收，不要刻意去挖掘，否则只会让人讨厌。

2.不拿隐私开玩笑

适当地开个玩笑，能调节气氛、缩短与他人之间的距离。但是，并不是什么事都能拿来开玩笑的，如他人的隐私。每个人都有不为人知的隐私，而且不愿意被人拿出来当做茶余饭后的谈资。如果有人喜欢拿别人的隐私开玩笑，那他肯定是一个不受欢迎的人。

3.闲暇时多反思自己

古人云：“静坐常思己过，闲谈莫论人非。”意思是，要沉静下来经常自省自己的过失，进而以是克非、为善去恶，闲谈的时候莫议论别人的是非得失，这是儒家倡导的道德修养的重要方法。一个人要想拥有良好的性情修养，就应该谨记这条古训。

4.保守秘密，避免伤害

有时，有人把你当作真心的朋友对你倾诉衷肠，你获得了对方的隐私，切记千万不可得意，因为在无形之中你已经增加了一份担子，在暗中受到了监视，暗藏了一丝祸端。不管有意还是无心，若对方的隐私从你口中暴露，既会使对方难堪，又会使你的信誉大打折扣。

社交心理策略

朋友把自己的隐私告诉了你，证明了他对你的极度信任。对此你只有为他分忧解愁的义务，而没有把这种隐私张扬出去的权力。如果不把保密作为一种义务，你就会失去周围的人对你的信赖，最终成为孤家寡人。

第08章　和气生财，给别人留面子给自己留退路

俗语说：“树有皮，人有脸。”所谓“脸”，就是面子，是一个人的自尊。如果你处处不给人留面子，别人就会对你心存怨恨，也不会顾及你的情面，暗中堵你的门路。如果你给了别人面子，那结果就会大不一样。对方觉得自己脸上有光，虚荣心得到了满足，说不定会为你铺设门路。所谓和气生财，给别人留面子就是给自己留退路，希望大家能在社交中认识到对方面子的重要意义，做一个尊重他人、懂分寸的人。

先赞美几句，批评的效果会更好

如果一个人一开始就劈头盖脸地对你一番指责，你会高兴吗？相信你肯定不会。但是，如果一个人在批评之前先给你一番赞扬，褒贬结合，相信你会更容易接受对方。其实，这就是一种心理因素，因为每个人都喜欢被赞美，即便是做错的时候，对方也希望你能顾及到他的优点。所以说，在社交中我们一定要利用好人们的这一心理，成功说服对方。一位管理大师说过：“当我们想改变别人的时候，为什么不用赞美代替责备呢？纵然别人只有一点点进步，我们也应该赞美他，只有这样才能激励别人，不断地改进自己。”

某公司以制度森严著称，公司内禁止裙带关系，因此所有的员工都要靠正常的渠道通过了笔试、面试才能录用。但这天，公司的李总却给人事处的张宇出了个难题。

李总：“张宇，新一期的校园招聘已经开始了吧。我有个堂妹今年刚大学毕业，正想来我们公司发展。到时候我让她来跟你打个招呼，你就通融一下吧。”

张宇听了这番话，心中一沉，一时不知该如何回答。如果断然拒绝，自己

以后在公司的日子肯定不好过；可是给李总开了后门，一旦被查出来，可能自己的饭碗就不保了。

思索片刻后，张宇诚恳地说：“李总，我们公司的制度之所以比其他的公司完善，得益于您和其他上级的共同制定呀。要不然我们公司这几年的发展也不会这么井然有序，其中您的功劳最大了。我相信您也很愿意去以身作则的。再说，像您这么优秀的上级，您的堂妹肯定能力也不差，您让她按我们公司正常的程序来应聘肯定没问题的。”

李总一听，知道张宇也是出于维护制度的需要，而且张宇在劝说中不忘夸奖一番，李总听了自然很受用，因而只好对张宇说：“张宇，你说得很有道理。就按你说的，让我堂妹到时候来公司应聘吧。”

人人都喜欢赞美的话，因此要经常讲一些赞美别人的话，而且是真诚的赞美。赞美的力量是非常大的，它会鼓舞一个人的士气，会让一个人心甘情愿地做一件事情。所以，当你想指正他人的错误或者批评他人时，别忘了从称赞与真诚的欣赏开始。

赞美一个人是有讲究的，既不是违心地说大话，也不是一味地拍马屁。如果把握不好尺度，即便在批评之前说了赞美之词，那也是无用的。

1.批评时的赞美要真诚

人们希望得到赞赏，但赞赏应该能真正表明他们的价值。也就是说，人们希望你是真正把他们看成是值得赞美的人，并花费了精力去思考才得出了赞美。真诚的赞美要有一定的前提，失去前提，真诚便无以寄托。

2.批评时的赞美要具体

赞美对方是需要理由的，我们不可能凭空地制造一个点来赞美他，这个点一定是我们能够赞美的点，要有一个充分的理由来赞美对方。这样的赞美他才更加容易接受，才能从内心深处感受到你的真诚，即使这是一个美丽的谎言，对方也是非常喜欢的。

3. 批评时的赞美要适度

过度的赞美，空洞的奉承，都会令对方感到难以接受，甚至感到肉麻、讨厌，结果适得其反。只有适度的赞美才会令对方感到欣慰。适度因人、因时、因事、因地而异，需要不断摸索积累，逐步掌握。

社交心理策略 有时，过分严厉的批评不但不会改变事实，反而只能招致愤恨，使情况进一步恶化。但当我们听到他人对自己的优点加以称赞之后，再去听一些不愉快的话，情形自然就会有很大的不同，心里自然也觉得好受一些，也容易接受批评。

拒绝时要委婉，适当用点小策略

拒绝是交际中常有的事，不管怎样，都不宜明确直言地拒绝别人，否则会显得你不近人情。拒绝时要适当运用一些拒绝技巧，这样才能保证人际关系的和谐。婉转地拒绝别人，既可以达到目的，又将对方失望与不快的情绪控制在最小范围内，不影响彼此之间的关系。

陈文华、张浩、李凯辉是三个好朋友。有一天，陈文华向张浩借钱五千元，说是他的好哥们刚开公司需要点钱。张浩认为开公司不会仅差五千元，且陈文华有爱赌的恶习，因此没有答应。陈文华为此非常生气，认为张浩不够朋友，并从此对张浩恶言相向，两人闹得跟仇人似的。

但过了一段时间之后，陈文华知道是自己不对，自己借钱就是为了想要再次赌博，张浩当时不借给自己钱，不是不够意思而是为了自己好，所以，他很想与张浩重归于好。于是，陈文华找到李凯辉，希望李凯辉能够从中调和。

但是李凯辉并不愿意趟这浑水，又不好意思拒绝，毕竟三人从前都不错。这该怎么办呢？李凯辉想了想说："我也希望你们能和好如初，人这一辈子有个真心想让自己好的朋友不容易，我们都得珍惜。不过这件事，如果让我去说也不是不行，我也不是不愿意，只是我觉得如果我去说的话，会让张浩觉得是我想让你们和好，而不是你想和好，这样的话事情反倒变复杂了，所以你最好还是自己亲自去说。张浩看见你的诚意也一定会念及我们过去的情分，这样会比较好，你说呢？”

陈文华知道这是李凯辉不愿意去，但也觉得李凯辉说得有道理，于是亲自登门向张浩道歉。两人不计前嫌又亲如兄弟了。

生活中时常会出现这些情况：别人有求于我们，而自己却出于各种原因不能帮助到别人，又不好直说“不行”“办不到”，怕因此而伤害到对方的自尊心。其实，要想处理好上述情形，就要在社交活动中学会巧妙委婉地拒绝，根据不同的情境说“不”。这样，我们就不至于太尴尬，也不会让人伤心。

1.给对方一些小暗示

通过身体姿态或非直接的语言把自己拒绝的意图传递给对方。当想拒绝对方的继续交谈时，可以做转动脖子、用手帕拭眼睛、按太阳穴以及按眉毛下部等漫不经心的小动作。这些动作意味着一种信号：我较为疲劳、身体不适，希望早一点停止谈话。

2.把拒绝夹在感谢中

你既不喜欢这个人，也不喜欢他提议的活动，但你却很感激他邀请你，那就把你的拒绝夹杂在对他的感谢中。如果你想找点别的事情来搪塞，别人很容易识破你，但你可以这样说：“和你一起聊天，我很高兴，虽然我正忙着要去加班。不过，我很感激你的邀请。”

3. 使用商量的语气

在拒绝的时候，你可以让自己的话听起来委婉，可以采用商量的语气。比如，有人邀请你参加某聚会，而你有事缠身无法接受邀请，你可以这样说：“太对不起了，我今天的确太忙了，下个星期天行吗？”这句话要比直接拒绝别人好得多。

4.巧妙转移话题

在不好正面拒绝的时候，就只好采取迂回的战术，转换话题也是一个好办法。当对方提出某项事情的请求时，你有意识地回避，把话题引到其他事情。这样，既不使对方感到难堪，又可逐步减弱对方的企求心理，达到委婉拒绝的目的。

社交心理策略 每个人都有自尊心，当我们有求于别人时，往往都带着惴惴不安的心理，倘若一开口就说“不”，那肯定会伤害对方的自尊，引起对方强烈的反感。倘若你有礼貌地说“不”，委婉地拒绝对方，就会收到良好的效果。因此，掌握好说“不”的分寸和技巧就显得很重要。

主动化解矛盾，解开心灵的疙瘩

在人际交往中，我们往往会在有意无意间因为各种各样的原因与他人发生矛盾，导致彼此的友谊受到伤害，造成不愉快，甚至产生感情上的疙瘩。冤家宜解不宜结，如果问题不大，我们可以主动一些。所谓“退一步海阔天空”，向对方表达出你内心深处真诚的歉意，主动化解往日的不愉快，相信你收获的不仅是一段友谊，更是内心的释然和愉快。所以说，不要置气，也不要记恨对方，多一点宽容，你内心的疙瘩就会越来越少。

彭凯和办公大楼的管理员吴小刚发生了一场误会，两个人谁都不肯先低头，矛盾愈演愈烈，甚至演变成激烈的敌对状态。吴小刚为了表达对彭凯的不满，遇到整栋大楼只剩彭凯一个人的时候，就干脆把整栋大楼的总电源关掉。这样的事情连续发生了几次之后，彭凯终于忍无可忍了。

转眼又到了周末，来公司加班的彭凯刚在办公桌前坐下，电灯就灭了。他气得直跺脚，一口气奔到楼下的锅炉房。看到正若无其事地边吹口哨边添煤的吴小刚，彭凯气不打一处来，不由地破口大骂，直到把能想到的所有脏话都骂完了才停下来。这时，吴小刚放下了手中的铁锹，直起身，转过头来，看到双手扶着膝盖在那里喘气的彭凯，他笑着说：“呀，你看起来有点激动过头啦。”

看着吴小刚的笑脸，彭凯什么都没说，而是走回了办公室。坐在办公室里，他反省了一下自己，终于想通了。觉得很不好意思的他重新回到锅炉房，吴小刚吃惊地看着他："你到底有什么事，怎么又来了？"彭凯挠挠头说："我来向你道歉，不管怎么说，我都不该开口骂你。"听到这里，吴小刚也不好意思起来："不用向我道歉。其实我刚才并没有听见你讲话。而且我做的也不对，我只是泄泄私愤而已，对你这个人我其实并没有恶意。"两个人又在一起聊了一个多小时，过去的矛盾和误会自然也解开了。

可能有人说，那些人曾经伤害了我们，我们怎么可能做到主动去结交呢？然而，你需要明白的是，最高境界的爱和宽容就是宽容那些伤害过自己的人。这不是一件容易的事，但是如果你这样做了，就会从中体会到我们的富有和强大。

天下没有解不开的疙瘩，没有打不破的坚冰，没有过不去的火焰山。只要真诚地付出，主动示好，你会发现，化解误会、重拾友情并不是一件难事。希望大家能够战胜自己的心理压力，做一个胸怀宽广的人。

那么，如何才能说服自己主动去化解生活中的矛盾呢？我们不妨从以下几点入手：

1.有错就要主动承认

如果对方对你的敌意是由你的不当行为而引起的，你就应勇敢地承认自己的错误。这样不仅可以有效地防止对方对你的进一步攻击，避免你们之间的关系进一步恶化，同时还可以挽回你与对方之间的合作，迅速扭转不利。

2.不要有心理偏见

可能你会认为，与不喜欢的同事合作，这种想法不是太功利性了吗？其实，你想过没有，你之所以不喜欢这个同事，是谁的问题呢？如果他的人际关系很好，而唯独你不喜欢他，那么，这很可能就是你的问题了。因此，在与之合作前，你最好能消除对他的某些偏见。

3.背后称赞，缓解对方的反感

良好的沟通，可以帮助你化解人际交往中的矛盾问题。面对矛盾，你只要能够做到态度诚恳，及时主动，相信再大的矛盾也能冰释前嫌。如果你也想拥有良好的人缘，千万别忘了这一招。

4.为人谦和宽容，学会忍耐

为了维护良好的关系，和谐地和对方相处，必须学会忍耐。我国历来崇尚谦让和忍耐，但这并不意味着无原则地委曲求全，也不是让我们一味地忍耐，否则的话，某些人将被长期放纵下去，而越发为所欲为。这里指的是适当地忍耐和节制，并正确掌握和运用这一手段。

社交心理策略

“人非圣贤，孰能无过”，每个人都会犯错。对他人犯下的错误念念不忘，就会形成思想包袱，既不利于自己的身心健康，对双方的关系也会带来不良影响。事情过去了就算了，最好将不愉快的事淡忘，谁对谁错，就不要深究了。

得理也饶人，日子就会一团和气

“得理不饶人，无理搅三分”，这是一些人常犯的毛病。如果在职场中喜欢把一件不足挂齿的小事复杂化，不仅会把上司或同事搞得下不了台，还会给人留下固执、小心眼的印象。所以，对一些非原则性的问题，即使得理也不妨饶人，这样不仅可以化解矛盾，而且使人际关系更融洽。

在杂志社里，黎贝贝算是很能干的员工，工作能力很强，但是每年同事对她的综合评分却并不高。究其原因，是黎贝贝不被同事所喜欢。主管陈康一直不理解是为什么，直到有一次，陈康才明白其中的原因。

一天中午休息的时候，同事李磊和王勇在办公室里追赶着，用水杯向对方身上泼水打闹。李磊一不小心将一些水泼到黎贝贝的文案上，他见王勇正向自己发动“反攻”，于是顾不得那么多了，掉头就跑。

黎贝贝刚做好的文案被弄湿了，顿时火冒三丈，怒冲冲地向李磊追去，一把拉着李磊说：“你看看，我做了好久，刚写好，就让你弄成这样，这让我怎么交给经理呀？”

一些同事也都说李磊和王勇在办公室里打闹太不像话。

李磊也意识到了自己的错误，连忙放下水杯向黎贝贝道歉，黎贝贝哪肯接受，依然火气冲天地说：“一开始你为什么不主动向我道歉？”

“当时王勇追我追得很紧，我……”

“我没兴趣知道你们的事，我问你当时为什么不向我道歉！”黎贝贝打断李磊的话说。

被黎贝贝这么一说，李磊窘得满脸通红，很小声地说：“那我现在向你道歉还不成吗？”

“你的道歉就那么值钱？你也不看看我的文案，被你糟蹋成什么样了！这可是我加班赶出来的！”黎贝贝指着文案对李磊吼道。

黎贝贝得理不饶人的架势让场面整个都僵住了。

这时，李磊说：“要不，我帮你，重做一下吧。”

“谁要你帮了，让别人帮我不习惯！再说，这是我的工作，你能做得好吗？”黎贝贝仍然不依不饶。

听黎贝贝说罢，李磊一句话都说不出来。一旁的王勇出面主持公道：“黎贝贝，李磊弄湿了你的文案没有及时向你道歉，是他不对，可人家现在不是向你赔不是了吗，而且他想帮你重做，我看都是同事，就算了吧。”这时旁观的同事也附和着。但黎贝贝还是觉得心里不平衡，于是要拉着李磊去拿陈康那儿说清楚。

无奈，两个人来到了主管陈康面前。了解情况后，陈康按照不准在办公打闹的公司规定，给予李磊一百元罚款。

事后，王勇愤愤不平地说：“一点道理都不讲！”其他同事也觉得黎贝贝太过分了，就连平时和黎贝贝相处不错的同事都说黎贝贝“太小心眼了”。

后来，因为不能和同事和睦相处，黎贝贝向老板辞职了。

切记，给对方一个台阶下，少讲两句，得理饶人。否则，不但消灭不了眼前的这个“敌人”，还会让身边更多的朋友疏远你。放对方一条生路，为对方留点面子和立足之地并不是很难，而且如果你能做到，还能给自己带来更多好处。

在社交中，如何才能做一个有修养、有道德，怀揣道理但不蛮横的人呢？我们可以从以下几点来要求自己：

1.为自己的粗鲁而羞愧

从提升气度的角度来说，得理不饶人是一种粗鲁的行为。遗憾的是，在我们身边，总是有很多人觉得这是一种理所当然的行为，甚至这些人还得寸进尺、变本加厉，要求对方按照自己的要求来做一些事情。所以说，我们要从心理上鄙视这种行为，不要把事情做得太绝，要懂得自己是一个有修养的人，而不是蛮横无知的粗人。

2.以大局为重，不斤斤计较

“将要取之，必先予之”，这也是一种高明的处世哲学。凡事以大局为重，不去斤斤计较。什么事，大度一点，糊涂一点，想开一点，也就不委屈了。如果硬是想不通，太委屈了，就去拼命地做一件事，全神贯注地，甚至是拼命地去做，一切烦恼也就被弃之九霄云外了。

3.尽量与对方委婉沟通

即使是在比较严重的问题上．也尽量用委婉一些的方式跟对方沟通，以防止矛盾再次激化，隔阂继续加深。得理也要饶人，退让并不是逃避，批评也要能让人接受，这样才能达到一种大事化小、小事化无的双赢效果。

话说“有理走遍天下，无理寸步难行”，固然没有什么不对，但有的时候，有理也得让一步。所谓“退一步海阔天空”，只要我们肯让一步，相信对方也不会胡搅蛮缠。如果我们总仗着有理，非要将对方逼入绝境的话，那么最终可能损及自身的利益，这样就得不偿失了。

第09章 巧装糊涂，社交场上的来往不必太算计

毛泽东曾说：“诸葛一生唯谨慎，吕端大事不糊涂。”读历史的人都知道，吕端小事是糊涂的，但这并不妨碍他大事清楚。吕端算得上是一个有大智慧的人，他的大事不糊涂小事不计较的处事哲学，非常值得我们借鉴学习。糊涂和聪明虽然是一对反义词，却有着密切的关系。聪明反被聪明误，体现的是一种糊涂；而该糊涂时装糊涂，却是一种大精明。要想做个精明的人，就要懂得装糊涂，既能明辨是非，又能远离是非。装糊涂没有固定的模式，应根据具体的情况灵活变通，使自己的行为能够合乎时宜，不至于弄巧成拙，适得其反，这个道理就跟江中行船一样，逆水行舟，不如顺风扬帆，又轻便，又快捷。

大事不糊里糊涂，小事不过分计较

在这个世界上，聪明者数不胜数，而自作聪明者更是不计其数。那么，什么才算是真正的聪明呢？有人说，“真正聪明者，往往大事不糊涂，小事不计较”。这话不无道理。古往今来，聪明反被聪明误者比比皆是！倒是有些看似愚笨的人，却往往成为真正最聪明的人。

宋太宗时，吕端任朝为官，他很少和人发生争执，对别人提出的意见也很少发表自己的见解。人们都说他糊涂，吕端也不分辩。有人问他：“你身为朝廷大臣，应当为同进言，你对什么事情都不表态，这是为什么呢？”吕端回答说：“我不屑于在小事上纠缠不休，倘若涉及国家大事，我自然会说话的。”

有一次，宋太宗就国事征询他的意见，吕端反复谏诤，言辞十分激烈。宋太宗十分惊诧，对他说：“你平时不是这个样子啊，怎么这一次这般抗辩呢？”吕端郑重地说：“细枝末节不是为大臣者所管之事，若是在此劳神，便会误了大事。国事为大，臣的责任在于纠偏导正，事关天下命脉，岂敢推托保身呢？”听了这番话，宋太宗从此对吕端刮目相看。

后来，宋太宗力排众议，任命吕端为宰相。群臣心有不服，宋太宗便对他们说：“吕端小事糊涂，大事上却从不糊涂。他忠心为国，不计私利，这才是君子行为啊。”

寇准时任枢密院副使，对于吕端十分钦佩。有一次，寇准向吕端请教为官之道，吕端直言不讳地对他说：“你为人刚直，清正廉洁，这是你的长处。不过你事事计较，争强好胜，肆无忌惮，这就是你的不足啊。官场原本就不是一尘不染之地，如果看不惯的事情都一律排斥，看不顺眼的人都一律指责，那么官场也就不适合你了，怎么能长远地待下去呢？”

当时，西夏的李继迁与宋朝为敌，不时侵扰宋朝的西部边境。有一次，宋军在反击时擒获了李继迁的母亲。宋太宗想杀她立威，吕端听说这件事情以后，立即进宫面见宋太宗，对他说：“当年项羽要烹杀刘邦的父亲，刘邦知道此事后是何反应，陛下可知？”

宋太宗被他问得摸不着头脑，吕端接着说：“刘邦当时竟然笑着说：‘希望到时分给我一杯羹’，由此可知，做大事的人是不会顾及他的亲人的。李继迁这样的乱臣贼子更不会有所顾忌，若是杀他的母亲，只会让他的反叛之心更加坚定，不仅于事无补，反而增添仇怨。”听了这番话，宋太宗也冷静下来，于是便问吕端如何处置此事。吕端建议说：“可以将李母安置在延州，妥善照顾，用来招降李继迁。即使李继迁拒不归顺，也会有所顾忌，不敢胡作非为。”宋太宗闻言叫好，对吕端说：“你提醒得很好，我差点铸成了大错。”

李继迁因为母亲在宋朝手中，虽然没有归降，却大大减少了侵袭。后来李继迁死后，他的儿子投降了宋朝，宋朝西部边境的威胁终于解除了。

“大事聪明小事糊涂”是一种心理战略，也是一种豁达心态。如果你能做到这点，那相信你的聪明定会让你的社交之路越来越顺畅。

1.正确认识大事的内涵

何为大事？影响全局的事为大事，决定整体的事为大事，范围内的工作之重为大事，也就是说以结果来评价事之大小，而不是以事之大小决定结果。

2.学会反思，做好自己

遇事要先反思自己，别人这样做、那样做必然有他的道理，心里不平衡可以理解，但却要适可而止，把大多的心思放到工作上，用成绩和能力来证明自己的价值。

3.大度一点，不计较

急于证明自己清白而为一些小事一争到底的人是愚蠢的，这样做只会白白地损害自己的形象，惹人耻笑。如果你能更大度一点，对这些无关紧要的小事一笑置之，那么你一定会赢得更多人的尊敬。

社交心理策略

“小事糊涂，大事聪明”是说，人一生不应对什么事都斤斤计较，该糊涂时糊涂，该聪明时聪明；糊涂是经常的，聪明是偶尔的。一味“糊涂”，会让人瞧不起；一味精明，又会“聪明反被聪明误”。

留点瑕疵，犯点小错更可爱

陈琦，今年三十岁，是北京一家大型公司的业务部部门经理，性格开朗，风趣幽默。可是，自从年初招来一名助理王月月后，陈琦就陷入了苦恼之中。

原来，王月月是一个典型的上海女人，做起事来一丝不苟，中规中矩，追求完美。就拿与客户谈生意来说吧，陈琦还没作任何要求，王月月就已写出详细的业务计划和预算，包括跟客户交谈阶段的安排以及具体的会谈内容、目的及实施方法等。可是，陈琦平时并不是这样工作的，她是一个聪明而且善于应变的人，很多时候全凭灵光乍现，取胜常在出其不意之间。

这样一个苛求完美和细节的助手王月月，虽然帮了陈琦不少忙，但使陈琦深感压力倍增。如此完美的手下让她感觉自己的职位岌岌可危，后来，陈琦便找了个借口，把王月月调到了其他部门。

人们一直力求完美，然而完美却并非想象中的会受人欢迎。完美给人的感觉往往是距离，容易让人感到自卑与压力。如果一个精明的人，不经意间犯了点小错，反而会给人一种惊喜感“原来你也有出错的时候。”便会觉得此人与常人并无不同，反而会从心理上拉近距离。

杜阳在某公司人事部工作。有一天，企划总监突然叫他整理一份优秀员工的资料。据知情人士透露，这其实是一次考试，它将关系到杜阳是否还能继续在人事部待下去。对这样的材料，杜阳本来并不感到为难，但有了无形的压力，便不得不格外用心。他熬了一个通宵，写好后反复推敲，又抄得工工整整，第二天一上班，就把它送到了总监的桌子上。

杜阳很快完成任务，字又写得遒劲、悦目，而且内容、结构上也没有什么可挑剔的，总监当然高兴了。可是，总监看着看着，笑容渐渐没有了。末了，他把文稿退回，让杜阳再认真修改修改，满脸的严肃。杜阳转身刚要迈步，总监像突然想起了什么似的说：“对，对，那个‘副经理’的‘副’字不能写成‘付’，改过来，改过来就行了。”就这么简单！总监又恢复了先前高兴的样子，一个劲儿地夸道：“写得快，不错。”杜阳的考试自然过关，还是优秀呢！原来，杜阳怕自己写得太好，盖住上司的光芒，故意写了一个错别字，把“副”写成了“付”。

善于处世的人，常常故意在明显的地方留一点儿瑕疵，或是偶尔犯些无足轻重的小错误，这样的话，即使你“木秀于林”，也不会招来“风必摧之”的下场。要知道，“众人皆浊我独清”是一种非常危险的状态，没有人乐意让一个“异己”长久地立于身侧。

那么，故意犯点小错，到底能给他人心理上留下什么样的感受呢？

1. 故意犯点小错，能让对方与你更亲近

高冷的人难以让人接近，在交际中容易被孤立，所以大家还是亲近点较好，毕竟社会是一个普遍联系的整体。不管你地位多高，能力多强，想要与人亲近一点，想让自己的人际关系更为和谐，请给人留下一种亲切感，这样你的人缘才会越来越好。

2. 故意犯点小错，能减少别人对你的嫉妒心理

适当地把自己安置得低一点儿，就等于把别人抬高了许多。当被人抬举的

时候，谁还有放不下的敌意呢？既然人不是上帝，那么适当地犯点小错，相信人人都能够谅解。并且，你的这些小错误也给了别人自尊心上的满足，这样，别人才不会因为嫉妒而攻击你。

3. 故意犯点小错，能让对方感受到你的真实

其实，你的小错会让人看到你可爱真实的一面。缺乏真实感的人际关系会给人一种不安全感。在严肃沉闷的职场中，看惯了千篇一律的职业化脸孔后，你的精灵可爱会给人清风拂面的感觉，加深对方对你的印象。

社交心理策略

如果你总是在人群中表现得过于完美，那你就会让身边的人产生压力。为了摆脱这些压力，他们就会下意识地和你保持距离。如此一来，你也就无法完成和别人的交往与沟通。久而久之，你的交际能力也就会随之下降，无论是你的生活还是工作都会受到严重的影响。所以，大家为了能在社交中获取更多人缘，适当收敛一下锋芒还是很有必要的。

适当装傻，不必事事刨根问底

谭琳和老公庆哥已经结婚一段时间了，一直以来都生活得很幸福。在朋友面前，谭琳总会给庆哥留下足够的面子，庆哥也因此非常疼爱她。如果庆哥有什么事情做错了，谭琳也不会像其他女人那样大声地吵闹，而是在聚会过后，将小纸条偷偷地塞在他的衣服兜儿里，这样，庆哥自然对她当时的装傻和事后的提醒很领情。

谭琳和庆哥的感情一直都很好，她从来没有怀疑过自己的老公，但庆哥最近的一些异常行为却让谭琳很不解。近些天来，庆哥每天都早出晚归，谭琳也知道公司里的工作很多，所以也就没有开口询问。但庆哥做事都是心不在焉的，好像有什么事情瞒着谭琳，每天神经兮兮的，电话一刻都不离身，而且只要电话一响，庆哥就表现得异常紧张，甚至有些手忙脚乱。

谭琳知道庆哥心中一定有事瞒着自己。后来她趁庆哥洗澡的时候，打开他的手机，看过其中的信息后才知道，是他原来的女朋友晴雨又回国找他了。（谭琳的老公和他的前女友晴雨本来同在一家公司上班。）这件事对谭琳来说确实非常棘手。因为她知道庆哥的心里一直都没有完全放下晴雨，现在人家找上门来，而庆哥又表现得惊慌失措，看来是该采取些行动了。

某天，谭琳在庆哥上班后打扮得漂漂亮亮地跟着去了他的公司，巧的是庆哥的前任女友晴雨正好也在办公室。谭琳整理一下情绪，推开门："啊，这不是晴雨吗？你回国了啊？什么时候回来的呢？你看看你也不通知一声，我好准备准备。这样吧，今晚上去家里坐坐，咱们好好庆祝一下，这么多年不见，我这个当嫂子的都想你了。"此时庆哥的头上已经冒出来虚汗，谭琳又转向庆哥说："老公啊，刚从附近超市买了一些吃的，看你最近挺累，所以就顺道给你拿上来一些糕点。"谭琳知道庆哥的心里在想什么，于是又说："要不这样吧，你们有事先谈，东西放这里，你们吃，我先回去收拾收拾，晚上晴雨过来吃顿饭，咱们好好聚聚。"晴雨赶忙开口："嫂子，真不用，我是来公司看看大家，时间不早了，你们先聊，我回去了。"晴雨狼狈地逃离了。

晚上，庆哥回家，谭琳还高兴地向他提出要请晴雨来家里聚餐。庆哥微笑着说："老婆，你别多想，我知道我不应该跟她见面，主要是她回国了，没什么其他的熟人，就找我谈了谈工作方面的事情，但是最终她还是决定在国外发展。我们是不可能的。"

谭琳笑了笑，说："我相信你，是你多想了。"从此以后，庆哥对谭琳越来越好，因为他知道他的妻子是一个值得珍惜的人。

古人说："水至清则无鱼。"世上有些事情必须是非确凿、泾渭分明，而有些事情却不必过分认真，甚至还需装点傻。一个懂得适当装傻的人才能更为适应社会的生存法则。

装傻的人即大彻大悟型，他们知彼知己，事事预料如神，可就是宁可烂在肚里也不说，总摆出一副什么都不知道、什么都不清楚的样子。他们不管处在什么样的环境中都能够左右逢源，活得很是舒坦，活得逍遥自在，活得游刃有余。

装傻是一门学问，在交际中，想要从心理上赢取对方，你必须懂得装傻，具体做法大家可以参考以下几点：

1.要有不怕出丑的心态

有时候适当让自己出点丑，不仅会赢得他人更多的好感，还能在暗中获得竞争的胜利。毕竟，没有人愿意跟一个哪方面都比自己强的人在一起，人们更愿意和那些能力不如自己的人待在一起。所以说，适当出丑既是人际交往的常用法则，也是富有智慧的竞争之道。

2.细枝末节的事情要忽略

我们平时在日常生活中，往往为了一些小小的事情而伤了和气。此时，静下心来想想，那真是得不偿失。小不忍则乱大谋。我们在细节上千万不要牵扯过多的精力，否则，“一着（招）不慎，满盘皆输”。

3.学会配合他人的聪明

要想学会配合别人的聪明而装傻，就要做到：能理解别人在说什么，却永远不表现出比别人懂得多；能看到别人的错误，却永远不会当面直斥其非、指责其误，而是巧妙地转换话题，找个台阶给对方下。这些都是大智慧的体现。

社交心理策略

在这个主张表现和竞争的年代里，真正聪明的人们早已开始隐蔽起来，他们都不再急于证明自己的才智，更不再害怕别人说自己“傻瓜”。因为他们懂得道家所说的“愚”与“智”的含义，因为他们懂得如何保护和升华自己。

第10章 随机应变，灵活变通才能做到左右逢源

我们生活中常常需要变通。有时候，你会为某一个失败而懊悔。但是，如果你稍稍变通一下，就会是另一个结局。生活是多变的，事物也是多变的。在这个随时都在变化的世界中，你得学会随机应变。多多训练你的应变能力，你必将受益无穷。请记住，一个人即使有丰富的知识，但缺少足够的智慧，不能随机应变、权衡利弊，不能在恰当的时候说恰当的话做恰当的事，那么他也无法有效地运用自己的知识，只要懂得灵活变通的人才能让人生更加精彩。

知进退是一种灵活的应变智慧

一个人的成功在于他做人做事的方式。谁都想事业发达、家庭美满，谁都想受人尊重、办事顺利，但是只有那些既会做人又善于做事的人才能实现自己的愿望。而他们的共同经验就是懂得并且善于利用进退规则。生活中无论做人还是做事，我们都要懂得进退之道，懂得灵活变通之术，遇强则迂，遇弱则攻。要懂得识别当时自己的境况，不要太计较一时荣辱，处弱势时先退几步，欲擒先纵，清除忧患，能屈能伸才能游刃有余。

春秋时期，吴越争雄，范蠡在越王勾践身为人奴之时，鼎力效忠。在忍耐了漫长的屈辱之后，越王勾践终于得以东山再起，一举灭掉了吴国，重建越国。

而立下赫赫功劳的范蠡在庆功宴上，却悄悄带着西施，乘一叶扁舟消失了。临走前，他曾托人送过一封信给他的好友文种，信上说："狡兔死，走狗烹；敌国灭，谋臣亡。"意思是说，越王这人能容忍敌人的欺负，可不能容忍有功的大臣。我们只能够同他共患难，却不能同他共安乐。你现在不走，恐怕

将来想走也走不了。

可惜，文种没有听其劝告，最后被勾践逼死，临死对天长叹，痛悔自己没有听范蠡的话，而落得“狗烹”的结局。

与文种相反，范蠡带着西施和一些财宝珠玉，改名换姓，弃官经商，成为百万富翁，后人称其为“商圣”陶朱公。

范蠡和文种的一退一进，正好说明了“退”的机会含义。范蠡的“退”，为自己创造了更好的机会，而文种的“进”，其结果却是死路一条。

怎样进，怎样退，这是一种手段；什么时候该进，什么时候该退，这是一种分寸。进退是一种做人做事的艺术，无论是在官场上、职场上、商场上、情场上等等，我们都需要明白进退之道。

1.知进退，就是懂得审时度势

要明白事物的客观形势和发展趋向。英雄的产生并不是偶然的，必须要有适当的“时”和“势”。但只有这些还不够，处于这种情况下的人会有很多，但是为什么只有极少数人成功了？关键就在于他们总是能够明白何时进、何时退，进退之间就为自己开创了一片天地。

2.知进退，就要懂得自我保护

人们常说“留得青山在，不怕没柴烧”，这其实就是一种凡事先求自保的做法。遇到突发状况，能够遵循明哲保身的原则分析形势，当进则进，当退则退。形势不利时，就要及早抽身，不必逞匹夫之勇。这不是怕死、虚伪、消极，而是一种守身的策略。

3. 知进退，就要懂得灵活变通

社会上没有绝对的公平，过于追求某些东西的人不但不会有好结果，反而会讨人嫌。因而，遇到不公平的事情，要找一个变通和所有人都能够接受的工作方法，有的放矢地处理和控制。圆通的人，能够用更聪明的方法达成自己的目的，所以做起事情来也更加得心应手。

4. 知进退，就要懂得舍弃

有舍，才有得。先舍，后得。不能没有主见，不能人云亦云，不能短视，不能只顾眼前利益而缺乏长远打算。在人生的许多特定或关键的时刻，只有下定决心，果断选择，善于舍弃，你才能把握住获得长远利益的机会。

5. 知进退，就要懂得大气做人

在通往成功的路上，总会遇到许多不尽如人意的事，或受他人的挤轧，或遭受他人的暗算。这时就要根据自己的实力，明智地选择是进还是退，不能为了一时之气，而与之斤斤计较，针锋相对，最后两败俱伤。

社交心理策略

进退之间，彰显人生智慧。怎样进，怎样退，是一种手段；什么时候该进，什么时候该退，是一种分寸。做人有分寸，知进退，才能让自己在人生中有所成就。

懂得随机应变的人处事更顺畅

有句话说的好：“树挪死，人挪活。”意思是说，树的种子放进土里长成树苗后就最好不要移动了，一移动树苗就活不成了。而人就不同了，人有脑子，遇到了问题可以灵活地处理，这个办法不成就应当灵活变通换另一种办法。这个道理就是所说的社交方面的为人处世。交际场合中，谁也不想说错话、办错事，但人们又总是不可避免地有犯错的时候。这时，该怎么办呢？其实，只要换个思路，学会变通，一切就会豁然开朗。

张若凝是一个服装设计师，工作快四年了一直没能升职，跟她一同进入公司的凯琪却早已成了高级设计师。从设计创意、客户反响来看，张若凝和凯琪算得上旗鼓相当。

为何两个人的现状有着如此大的差距呢？原来，公司的设计总监王刚比较重视学历，对于那些名校毕业的员工都另眼相看。所以说，师出名门的凯琪当然是大受欢迎了。相比之下，仅仅有些天赋但不是专门从事设计这一行的张若凝就大大吃亏了。张若凝对这样的不公平待遇很是气愤，虽然王刚对她比较欣赏，经常把一些重要案子交给她做，但升职之事却也是无能为力。

终于，张若凝决定离开她的势利眼上司王刚，去找寻新的出路。即便是再次从头开始，她也不想在这里吃这个哑巴亏，闷头死干了。她觉得，只要肯努力，就一定能在新的工作岗位上升职。同新公司谈妥之后，张若凝连夜赶出了辞职信，只等一到公司就拿给王刚。可是王刚却接连两天没有出现，助理阿雨也不知道他去了哪里。

中午的时候，张若凝吃完饭去洗手间洗手，此时的她感觉很迷茫也很疲惫，于是她就在洗手间坐了一会，思考怎样处理辞职的事情。这时候，她的同事小李走了进来，对她说："若凝，你怎么在这里呢？公司出大事了，知道吗？王总监离职了！那会阿雨给我发消息说王总监打算自己单干了，这下好了，副总监要升职了，对了，你们关系不是很好嘛？他要是升职，你就不会被限制了，你的高级设计师绝对有戏了。"

"世事变化那么大，这些都是些以后的事，谁也不知道到底会怎样，希望如此吧。"

张若凝急着消化这个重要信息：总监走了副总监要升职，自己出头的日子快要到了，如果在这个重要时刻辞了职，一切还得从头再来，说不定再遇到一个学历至上的上司，自己就更得不偿失了。十分钟后，张若凝走进办公室，悄悄拿出辞职信，塞进了碎纸机。

在社交场合中，我们总是会碰到一些意想不到的事情：或是自己失言失态；或是对方反应不如预料的好；或是出现了没有考虑到的因素等。这些猝不及防的情况，往往会令人啼笑皆非，狼狈不堪。身处窘境，如何解脱？那就需要随机应变的处事智慧。宋人罗大经在《鹤林玉露·临事之智》中写道："大凡临事无大小，皆贵乎智。智者何？随机应变，足以弭患济事者是也。"从一定意义上说，智者就在于随机应变，借以弭患济事。然而。智者不是天生的。因而学习应变之术，掌握应变之道，就显得尤为重要。

1.注意观察周围的形势

说话要看周边的情况，能够恰当地和当时的情景融合到一起，避免说出不合时宜的话来。另外，说话一定要看对象，要根据说话对象的不同情况来确定自己说话的方向。对豪爽的人，说话就应该豪爽一点；对内秀的人，说话就应该[illegible]大家才会喜欢你。

2. 做一个会圆场的人

做一个会圆场的人，不仅能够给自己提供方便，也能给[illegible]在关键的时候还能够处理突发事件，主持大局。在圆场的同时，可以展现自己的机智、幽默或其他个人魅力，让别人心里舒坦，或感激，或高兴，或欣赏我们。

3.巧妙运用转移等应急措施

在社交中，有时会遇到自己不想公开或不能公开而别人又偏偏要打听的事，或是自己偶然触及对方的伤痛、忌讳及隐私，出现了尴尬的局面。这时，以场景为媒介，迅速转移话题便是一种普遍有效的应急措施。

社交心理策略

调整思维、换个角度、另辟蹊径，不但可以替自己打圆场，还能使别人高兴。如果要达到这一目标，就要靠你的应变能力了。因此，要学会多角度分析问题，举一反三、旁征博引，以恰当地证明自己的观点，自圆其说。那时，错的就会变成对的。

有爱的谎言，你需要说出口

小时候，我们都听过《狼来了》。这篇文章就是教育我们做人要诚实，不撒谎，否则就会像放羊的小男孩一样被狼吃掉。诚然，诚实是做人的根本，但在现实生活中，在很多情况下，我们也要学会撒谎，因为有时候，善意的谎言能带给别人希望和幸福，甚至能够起到起死回生、力挽狂澜的作用。在人与人的交往中，适当地说一些善意的谎言，可以使人际关系更融洽、更亲近一些。

不过，如果不分场合、不分条件，一味地讲谎话，就会受到众人的谴责。记住，只有善意的谎言才能达到一个好的效果，因为出发点是好的。

两个盲人靠说书弹三弦糊口，老者是师父，七十多岁；幼者是徒弟，二十岁不到。师父已经弹断了九百九十九根弦了，离一千根弦只差一根了。师父的师父临死的时候对师父说："我这里有一张复明的药方，我将它封进你的琴槽中，当你弹断第一千根弦的时候，你才可以取出药方。记住，你弹断每一根弦时都必须是尽心尽力的。否则，再灵的药方也会失去效用。"

那时，师父还是二十岁的小青年，可如今他已皓发银须。五十[illegible]，他一直奔着那复明的梦想。他知道，那是一张祖传的秘方。

一声脆响，师父终于弹断了最后一根琴弦，[illegible]向城中的药铺赶去。当他充满虔诚、满怀期待地取草药时，掌柜告[illegible]他："这是一张白纸。"他的头嗡地响了一下，平静下来以后，他明白了一切：原来师父欺骗他说弹断一千根琴弦，就能得到那复明的药方，只是真诚、善意的谎言，自己就是靠着这善意的谎言才有了生存的勇气。

回家后，他郑重地对小徒弟说："我这里有一个复明的药方，我将它封入你的琴槽，当你弹断第一千二百根琴弦的时候，你才能去打开它。记住，必须用心去弹，师父将这个数错记为一千根了……"

小徒弟虔诚地允诺着，他也跟他的师父一样，活在这个善意的谎言里。这个谎言给了他希望的动力，激励他去追求生命中最美丽的时刻。如果师父不说这个谎，他的徒弟能愉快地面对自己的将来吗？

善意的谎言是生活的希望，是沙漠中的绿洲，它有时真的改变了我们生命的轨道。其实谎言在善意的指导下，就是你想要实现的梦想，会鼓舞你努力前进，为了心中的梦想绝不轻言放弃。因为未来的道路完全被欢乐的心情照亮，生活因此变得更加美好。

朋友们，我们可以在适当的时候，说一些善意的谎言，这样既对朋友有益，还可以增进朋友之间的友谊。那么怎样让谎言看起来是发自内心，能够被他人接受呢？

1.谎言要建立在真实的基础上

当然，我们所说的善意的谎言并不是说好话，更不是随意拍别人马屁；而是在真实的基础上激励别人，让他们能够有决心面对未知的困难，让他们能够坚持不懈地奋斗下去。

2.谎言的内容要合情合理

谎言不只是一句话那么简单，要动动脑筋，让这句话看起来合情合理，不会引人怀疑。尽量结合对方的性格、实际情况编一句谎言，让它听上去能说服大多数人，还要记住要和其他当事人保持一致，不要出现你刚说了一句安慰话，就有人把真相说出来这种情况。

3.谎言的本意一定要善良

善良的谎言，其用心当然也是善良的。即使此人以后明白了真相，也只会感激，不会埋怨。即使当时半信半疑，甚至明知是谎话，通情达理者仍会感到温暖、宽慰。明知会加重对方的精神痛苦，但仍要实言相告，如不算坏话，也该算是蠢话。

社交心理策略

在现代生活中，不是面对每一个人、每一件事我们都必须诚实以对，有时候一个善意的谎言能起到巨大的积极作用。每个人都具有各种各样的弱点，有着喜怒哀乐的情感，在人与人的交往中，有时适当地说一些小小的谎言，会带给我们生活的希望。

方圆配合，你的人生就会左右逢源

方圆得当，外圆内方，是人生的最高境界。方是为人准则，有方在手，就会心有底气，不乱方寸；圆是成事技巧，胸中有圆，做事自然八面玲珑，世事人情万事皆通。所以，我们一定要记住古人的教诲：做人要方，做事要圆，方圆得当，才能成就人生大智慧。

唐朝名臣狄仁杰，被酷吏来俊臣诬以谋反罪秘密逮捕。为罗织罪名，来俊臣建议武则天降旨诱供——只要狄仁杰承认谋反就可免死。武则天同意了。审讯时，来俊臣宣读武则天的诏书。狄仁杰马上跪在地上，口称“死罪”，承认自己确实想谋反。来俊臣感到意外，但根据圣旨，只好免他死罪，听候发落。

这时，堂上的判官悄悄劝狄仁杰诬告几个官员以减轻自己的罪过。狄仁杰说：“皇天在上，我没有干这样的事，更与别人无关，怎么能害人？”说完，一头向大堂的柱子撞去，顿时鲜血直流。判官等人忙把他送到厢房休息。狄仁杰趁无人之际，蘸着身上的血，将冤屈写在手绢上，然后撕开棉衣里子，将手绢藏进去，托人将棉衣带给自己家人洗洗再送来。

家人拆开棉衣，看见血书，忙拿去向武则天申诉。武则天将狄仁杰叫去问：“你既然有冤，为什么承认谋反？”狄仁杰说：“我要是不承认，只怕早就死在严刑之下了！”武则天知道狄仁杰说的是真的。狄仁杰在死亡威胁面前，能及时低头，体现了他的明智。他能坚持做人原则，决不为了拯救自己而冤枉好人，体现了一种了不起的正直风范。

古语云：“取相于钱，外圆内方。”古时大多钱币的形状为圆形方孔。为人处世，其实也应像钱币一样，“边缘”要圆活，要能随机而变，但“内心”要守得住，有自己的原则。

在人际关系中。我们要学会方圆处事，任何事情都留有余地，不要把事情做得过于决断，这样会带来许多你所意想不到的后果。在做事情时，必须沉着冷静，以谦让为上策，这样，事情可能会取得比较理想的效果。

要想在这个社会上完美地做人，不仅要“方”，还要懂得“圆”；除了做人要有原则之外，还要掌握一些做人的方法，从而玩转社交，赢得好人缘。方圆做人，是做人的最高境界，能够帮助我们获得更大的成就。

1.做事懂得“求同存异”

要想达到在交际场合外圆内方的境界，成就大事，就必须坚持“求同存异”的原则。每个人都有自己的生活经历、习惯、性格特征等等，在交往中难免会有些摩擦，这就要求我们应该尽量寻找共同话题。但与人相处时也要坚持自己的原则，不要失去自我。

2.不同的人，不同的交往

有的人性格急躁，那么在与他们相处时就要学会干净利落；有的人做事总是慢半拍，那么你应该也让自己慢慢适应他的节奏；有的人性格耿直，你也可以快言快语；有的人比较敏感，那么无论说话做事你都要小心，以免伤到他的自尊心。面对不同的人，我们要采取不同的交际方法，这样才能相处的更为和谐。

3.“方”与“圆”都不可太过

当然，凡事都得有个度，无论是“内方”还是“外圆”，都要把握好尺度，要懂得，凡事物极必反。“内方”太过，会显得刻板、迂腐，会伤害到自己及他人；“外圆”太过，会显得圆滑、世故，必使他人心存疑惑，处处提防。由此，懂得把握就尤为重要了。

4.要有自己的想法

在这个不断变化的社会当中，我们需要“和而不同”，更需要做到“和而不同”。这就要求我们要有自己的主见，在遇到一些事情时，应该积极而认真地去思考、去分析。在关键的时候，一定要按照自己的想法去走自己的路，做好自己应该做的。

社交心理策略

一个人如果过于方方正正、有棱有角，必将碰得头破血流；但是一个人如果八面玲珑、圆滑透顶，总是想让别人吃亏、自己占便宜，也必将众叛亲离。因此，做人必须方外有圆，圆中有方，外圆内方，以圆的方式表达方的内容，这就是“智圆行方”。

第三篇

策　略

第11章　自我推销，大胆秀出自己才能抓住机遇

在这个竞争压力如此大的时代，如果你天生就有点内向、放不开，那么你就极易被埋没。比如：在公司里，要么你是隐形人，如老黄牛般“老实做人，踏实做事”；要么就是老好人，包揽公司很多杂务，对同事的要求几乎有求必应；更多时候你甘愿做不起眼的“绿叶”……如果这样，你的老总是否知道公司有你这个人都是一个疑问。过分的低调容易让人忽略，让人感受不到你存在的价值。所以，在社交之中，我们一定要善于秀自己，有效地利用展示的契机，使得大家的注意力投向自己，以展示出内在的素养与品质，自己的交际道路会更顺畅。

提升自己，让他人对你刮目相看

一个不断追求上进、超越自我之人，往往在人际交往中更具竞争力。要知道，努力进取、不断超越自我，让自己得到极大的提升，不仅是人生必需的学习方式，更是一种人脉交际的哲学。因为只有当你不断超越自我时，才能加深对卓越的追求，此时你的个人形象也会得到极大的提升，最终的结果将会直接影响到你在社会交际中的能力。

熊越越在某家公司做实习生，她每天的工作很简单，主要是收发传真和邮件、打字、接电话等。虽然熊越越一直在用电脑，却只会使用简单的办公软件。于是，熊越越在书店买了一些有关电脑知识的书籍，自学起来，很快就掌握了几种常用软件的用法。熊越越知道自己在专业方面是拼不过其他同事的，于是决定从各个方面充实自己。公司是做外贸的，常常要与外国人打交道，熊越越知道多掌握一门语言就多一次机会，在查看了公司的相关资料后，熊越越报了一个法语进修班。公司有不少法国客户，可是翻译却只有两个，熊越越觉

得自己一定会有机会。有一天，市场部的王经理慌慌张张地跑到各个部门询问有谁会法语，公司接待了两个法国客户，但两个法语翻译正在接待其他客户，一时抽不出身来。眼看这笔生意要泡汤，市场部经理不得不到各个部门求援，同事们个个都摇头，一直坐着没说话的熊越越鼓起勇气说："经理，我学过一些，要不我试一下。"就这样熊越越立了一功。签下合同的那一天，市场部经理向公司提出申请，希望熊越越一毕业就到市场部做助理。就这样，熊越越在实习期间就完成了实习与求职的华丽转身。

自我价值的创造和提升，其实是一件让人感到非常幸福的事情，而且每个人都可以拥有这样一种幸福，只要你拥有一个正确的价值观，并为此不断地学习、不懈地探索，那么自我价值的提升自然就会水到渠成。相信有一天，当你的能力足够强大，当你足够优秀的时候，你的光彩定然会在众人面前呈现出来，那一刻，所有的人会对你刮目相看。

那么，具体来说，我们该如何改变自己，让自己更闪光、更优秀、更有吸引力呢?

1.做一个被人需要的人

每个人都渴望被别人重视、被别人需要。如果有一天，一个人发现自己对于别人已经不再重要，别人不再听取他的意见，那时就会感到生活没有了意义和方向。别人对他的依赖从某种程度上变成了对他的心灵反哺。

2.找寻自我优势，不断超越自己

我们的时间有限、精力有限，不可能把所有的事情做到最好，但是我们一定可以把其中的一件事做到最好。也就是说，一个人，必须首先找到自身的优势所在，做最好的自己，然后在不知不觉中超越众人，跨越平庸的鸿沟，从众人中脱颖而出。

3. 勇于行动，不退缩

只要你敢想、敢做、敢改变，那么你就是一个成功者。托尔斯泰曾说："世界上只有两种人，一种是观望者，一种是行动者。大多数人都想改变这个世界，但没有人想改变自己。"从此刻开始，行动起来吧，让我们不断迸发前进的力量，把我们的明天变得更加美好。

4.不断为自己充电

学习是不断提高自己的阶梯，只有通过学习才能更好地为社会服务。学习的目的不是追求高学历，而是不断提高自己的能力，只有你的能力提升了，才能为大家所需，你的价值才能更好地彰显出来。机会属于那些有准备的人，而准备的过程就是努力学习。

5.为自己打造一个自信的形象

一个人想要成为自己命运的主人，就要充满自信，在内心树立起坚定的自我形象。如果你现在的自我形象是负面的、消极的，那么你可以改变它，想出一个正面的形象。不要埋怨、不要逃避，成功或失败都取决于你自己。

社交心理策略

不管你的领导能力有多强，管理水平有多高，只有拥有出色的人格魅力，才能创造与众不同的人生，才能让别人尊敬你、欣赏你、佩服你，否则，你也会处处被动，举步维艰。

想脱颖而出，先打造好自己的形象

在这个人际关系极为关键的社会，人们在交际中都希望给别人留下一个好印象，让别人喜欢自己，接受自己，这就需要一个良好的自我形象。如果一个人的形象很差，会导致别人第一眼看到你就不喜欢，那么就会对彼此关系的建立带来不利的影响。不管是在公共场所，还是在私人聚会，只要你与人进行交往，你的着装打扮、言谈举止等外在形象就会出现在他人的眼前，并留下深刻印象。可以说，一个人形象的好坏，直接关系到他社交活动的成功与失败。

有一次，陈雅琳去参加她的好闺蜜艾文的婚礼。为了不过度惹眼，陈雅琳特意穿了一件朴实的淡蓝色连衣裙，稍稍化了一点淡妆，把头发用一个复杂的簪子盘了起来。出门时，她还在穿衣镜前认真检查衣服、首饰、鞋袜，生怕搭配不妥会喧宾夺主。家人捉弄地问陈雅琳：“雅琳啊，是人家艾文结婚，又不是你，看把你忙活的，简直不知穿什么好了。”其实不然，陈雅琳是艾文最好的伙伴之一，在某种程度上，陈雅琳觉得自己的仪容仪表也代表了艾文的档次，因为人们常说“人以群分、物以类聚”。

到达婚礼现场的时候，艾文见陈雅琳的一身服装非常欣喜，由于她见惯了雅琳穿着布满口袋、松垮疲塌的休闲装，知道雅琳此刻的悉心打扮是为了给自己体面。于是，艾文就牵着雅琳的手将她引见给新郎及家人。

正在寒暄的时候，新郎的好朋友阿明来了，他估计是刚刚做完运动仓促赶过来的，穿了一件宽松的背心和一条运动短裤，背心及膝盖只能模糊见到运动裤的边缘，头发一缕一缕粘在头上，不知是汗还是油，这和在场男士们清洁笔挺的西装构成了鲜明的对比。新郎把陈雅琳引见给阿明时，陈雅琳浅笑着伸出手说：“你好，我是雅琳，很高兴认识你。”阿明将手在短裤上抹去汗水，然后与陈雅琳握手。霎时，新郎是一脸的窘色。

衣着本身就是一种无声语言，它代表的是一个人的外在形象，它不但能给对方留下一定的美观感，而且它还能反映出你个人的气质、性格、内心世界。一个不讲究衣着、对衣着缺乏品位的人，势必影响到其人际关系。所以说，想要在交际中不尴尬，想要在他人心中不留反感，请记得为自己打造一个良好的自我形象。

1.注意自己的穿衣打扮

一般来讲，一个人无论从事什么工作，在穿着方面都要有起码的要求，第一是整洁，第二是得体。服饰协调、搭配文雅往往会给人留下美好的印象，如果着装不当，最容易令人反感，甚至会降低个人的身份，自然就会影响组织的整体形象。

2. 保持优雅、自然的举止

在社交中一定要保持优雅、自然的举止，让对方能看到你的内涵和修养。注意自己的行为，从细节处严格要求自己，不要为自己找不拘小节的借口。行为举止是社交中的无声语言，也是社交中重要的外在语言，别人从举止中看到的就是你的内涵和对待他们的态度。

3.注意自己的肢体语言

站立的时候不左顾右盼，走路的时候抬头挺胸，坐下的时候不抖动双腿，握手的时候力度适中等，都能给别人留下好印象。试想，如果一个人，含胸驼背地站在那里，或双手抱住后脑勺仰卧在椅子上，或跷起二郎腿不断地抖动，或在别人说话的时候抠指甲，你还有兴趣与他交谈下去吗？

4.把笑容挂在脸上

常言道，伸手不打笑脸人，总是把美丽的笑容挂在脸上，就算是再冷漠的人也会被你融化。微笑和礼貌是友善之相，更何况“礼多人不怪”。另外，在与人接触时，时刻记得把“请”“谢谢”“对不起”挂在嘴边，也会为你的外在形象加分不少。

社交心理策略

莎士比亚说：“外在形象往往可以表现人格。”一个人的外在形象在很大的程度上不仅反映了一个人的社会地位、身份、爱好，而且反映了他的文化修养及思想感情等非文化心理的非语言信息。特别是在人际交往中，一个有修养的人会得到他人的好评，也会被他人尊重。

毛遂自荐，让贵人快点看到你

如果你想拓展自己的人际关系，但你总是抱着“是金子在哪里都会发光”的心理，那么你将会经历漫长的等待，因为并不是每个人都有着很好的机遇。所以说，你要懂得主动去推销自己，主动去展现自己，而不是一味地坐等伯乐。只有这样，你的优点、你的能力、你的价值才能为人所知，才能让伯乐从茫茫人海中发现你。巧妙地自我推销并不是把自己物化，而是一种积极的争取，是加快目标实现的推进剂。经营人际关系，一定要有自我推销的能力。

薛亚是一家化妆品代理公司的业务员。最近，某国际知名的外资化妆品公司要在某地举办一场商业宴会，公司派薛亚以公司代表的身份前去参加。薛亚知道，如果能在宴会上拿下订单，他很可能会获得升职的机会。

晚宴中，举办方的代表是一名外国女士，这无疑是众多代理商迫切要拿下的大客户。对薛亚来说，这位女士就是他的贵人。

宴会上有不少急脾气的代理商，宴会刚开始不久，他们就先后拿起酒杯与女代表碰杯，接着便借机与之交谈起来，话题一直围绕着自己公司的规模、企业文化、发展前景等。但薛亚一直坐在座位上笑而不语，他在等待机会。很快，机会到来了。原来，参加晚宴的人中，有相当一部分人都不懂英语，而女代表的中文水平也一般，这就难免造成双方沟通上的困难。精通英语的薛亚抓住了这个机会，他主动走上前去，为女代表当起了翻译。

到了晚宴的尾声阶段，女代表十分感谢薛亚，但又有些不解地问：“您难道不想与我们合作吗？为什么您没有像其他人一样主动与我交谈呢？”

薛亚回答道：“我当然希望与贵公司合作，但是我想，了解清楚每个公司的情况和实力才是您的任务，这很累也很不容易，我很佩服您。此外如您对我的同事所说，您希望考虑一下，我帮您翻译会更有利于您对比、考察。我们公司不会乘人之危，不会因为其他代表不会讲英语就趁虚而入，我们有实力参与公平竞争。”

女代表听后不禁赞赏地点头，最后决定同薛亚进行细谈。不久后，薛亚凭借这位贵人的帮助，坐上了化妆品销售经理的位置。

薛亚是一个聪明人，因为他懂得如何在最佳时机展现自己，他明确了贵人的目标，也抓住了机会，恰到好处地表现自己，把自己推销给了对方。在赢得贵人的认可后，他的成功也就顺理成章了。

朋友们，自我推销不是炫耀，而是一种才华，是一门艺术。善于自我推销之人，左右逢源；不善自我推销之人，四处碰壁，不会被注意，难以被人接纳。那么，我们应当怎么做好有效的自我推销呢？

1.对自己有个良好的认识

我们要对外销售一个商品，如果对它的质量、性能以及与同类产品相比而特有的竞争力都不了解的话，能很好地销出这一商品吗？答案应是否定的。商品既如此，人又为何不如此呢？如果我们不知自身之长，明自身之短，要让别人接纳自己是很困难的。

2.合理地包装自己

外在包装对一个人的形象塑造非常重要，即使相貌平平，也可通过发型、服装等的包装，以气质、品位取胜。无论男女，都不能忽视形象的塑造，不拘小节用在这里绝不是褒义，要从细节上对自己精心雕琢，充分挖掘、利用自己的优势。

3.增加自己的曝光度

增加自己曝光的途径，就是增加自己被利用的价值。经营人际关系并不是要你当一只花蝴蝶“仅供观赏”，而是要找机会让大家都能认识你，建立别人对你的信赖感，知道你的才能及不可或缺性，最重要的是，要让你的贵人一眼看中你。

4.呈现出自信满满的状态

没有人会去信任一个自己都不信任自己的人。自信给人以信心，有把握完成某项工作以及对自己完成这项工作能力的认可。当然，自信切不可过分，否则会被视为自夸自大，适得其反。

社交心理策略

毛遂自荐的故事大家都听过，想要自己不被人群埋没，那就必须要懂得推荐自己，让对方看到你的闪光点。机会不会主动找你，做人要有一定的积极性，主动为自己争取，敢于秀出自己的优点。

懂得自夸，“好酒也怕巷子深”

人们常说“酒香不怕巷子深”，然而现实果真如此吗？想一想，要想让酒香从深巷里传出，然后被人闻到需要多浓烈的香气才行啊？即使闻到，最后又是否能有人找到这芳香的源头？所以这酒即便再香，也只能是遭遇“长在深巷无人识”的结果。社会上很多人总是哀叹自己怀才不遇，可是你难道不应该反思一下自己是不是一次次地错过了自我展示的机会呢？如果你懂得适当地主动展示自己，那么伯乐还会看不到你的存在吗？你还怕自己得不到他人的高看吗？所以说，想要对方了解你并重视你，你就要懂得自夸，懂得自抬身价。

战国时期，周躁出访齐国，想在那里谋得个一官半职，但是他深知自己的名声还不至于让齐王对自己封官加爵，于是他对在齐国做官的朋友宫他说：“我想作为齐国的特使访问魏国，如果齐王能给我支持，我会出使魏国，并试着让魏国与齐国亲近。”

宫他听了忙回答说：“你可不能这么说，你这样说的话就等于贬低了自己，承认自己在魏国不吃香，这样的人，齐王又怎么会重用呢？”

周躁听后觉得也是这么回事，于是继续问道：“那你说我该怎么说呢？”

宫他想了想说：“你不如自信满满地问齐王对魏国有什么期望，然后告诉他你可以倾魏国之力满足齐王要求。这样说齐王必定以为你在魏国是个很有影响力的人，自然会厚待你。然后你再去魏国，对魏王说自己能够倾全力，满足大王对齐国的要求。这样魏王也必定不会小觑你，会重用你。你看，这样做你既可以打动齐王，又能打动魏王。”

于是周躁按照宫他的说法去做了，果真达到了自己的目的。周躁原本既没有名声也没地位，但他在朋友宫他的建议下，得到了齐、魏两国的重用，这全靠他假借魏国之名抬高了自己，进而达到了在齐国谋职的目的，然后又假借齐国之名让魏国也重用了自己，真是一举两得的事。

在现实生活中，自抬身价是很普遍的行为。例如，有些影星提高片酬，主持人提高主持排场，公司的同事要求老板加薪等，都是在自抬身价。当然，其中有些人确实名副其实，但有些人则夸大其词，根本没有那么高的价值。可是，只要他们敢自抬身价，往往会达成所愿。

“自卖自夸”是一种抬高身价、推销自己的战术，能在心理上让对方更为看重自己，那么你知道如何做好这一点吗？

1.为人处事不要过度谦虚

过度的谦虚会让别人看低你。俗话说：“王婆卖瓜，自卖自夸。”如果王婆只是谦虚地说自己的瓜不太好，那谁会买呢？抬高你的身价，别人就会在心里对你另眼相看，甚至暗暗佩服你，也就更愿意与你来往。

2.行情形势一定要参考

为自己抬高身价时要参考行情，因为低于行情有“低价倾销”的味道，别人会把你当成廉价品，不会重用、珍惜。如果你有能力，可把身价抬得高出行情一点儿，但如果高出行情太多，除非你是个天才，能很快展示自己，而且也有业绩做后盾，否则就会被当成笑柄。

3.自夸的“度”切记要把握好

不要抬得过高，以至超过你的能力许多。比如，一位小职员，明明一个月只能拿到两千元的薪水，但他却说五千元，这已是主管级的待遇。只要人们看看他的专长、年龄和能力，一下子就会发现这身价根本就是吹嘘。如此一来，反而会产生负面影响，使自己摔得更惨。

4. 目的明确、有的放矢

自赞自夸应目的明确、有的放矢。招聘人才、购买商品，都有一定的规格、要求。你的优点非对方所需，你的长处非对方所急，这时自赞自夸如同对牛弹琴。而要了解对方的所急所需，就必须事先对人才市场、商品市场搞调查研究，做到知己知彼，心中有数。

社交心理策略

放眼广阔世界，万事万物都在展示自己：孔雀开屏、白鹤亮翅、鱼跃龙门、草木开花……正是由于万物的充分展示，才使得我们这个世界五彩缤纷。然而，很多人缺乏自荐的勇气。与别人谈及自己时总是羞羞答答、扭扭捏捏，怕人笑话。殊不知，“好酒也怕巷子深”。

第12章　有所保留，任何时候都不丢掉防人之心

与人交往，最好不要轻易抛弃你的一片真心，但关系再近也要有所保留。如果你喜欢随便和人交心，不懂保持待人应有的警惕，那么你就极易招惹麻烦，毕竟不是每个人都是善良的，所以说任何时候我们都不可失去自己的那份防人之心。所谓“害人之心不可有，防人之心不可无”，我们必须清楚什么地方该怀疑，什么地方该确信，并运用自己的判断去辨别一切真伪，才不至于中了他人早就设计好的圈套。这章将为大家介绍一些小技巧，相信大家阅读之后一定会学到很多交际中的提防策略，成为一名懂得自我保护的社交高手。

别随便和人交心，保持应有的警惕

中国有句古话：君子之交淡如水。与人交往保持一定的距离，不是疏远对方，而是在交往当中，尊重别人。学会了尊重与理解，结交的朋友就会很长久。

张进是个活泼开朗的人，对人热情，很爱交朋友。在大学里有一大帮哥们，在网上也有很多兴趣相投的朋友。张进相信自己在职场中，也会交到朋友。果然，他进入职场以后，热心对待同事，跟大家处得非常不错。工作中互帮互助，下班后一起出去喝酒、打篮球、旅游。张进觉得职场不像人们形容得那么恐怖，当其他同学跟他抱怨自己同事们为了利益勾心斗角时，张进觉得自己幸运多了。自己单位的同事素质很高，大家相处和睦，很少看到为了利益争得不可开交的情况。

由于每天和同事们相处的时间长一些，张进把他们当做了自己的朋友。尤其是同事阿龙，两个人是工作上的搭档，比别人接触得频繁，交情显然比别

人深。

张进和阿龙常常在一起探讨问题，天南海北，很谈得来。但这种融洽的局面却因晋升被打破了。因为两个人表现都不错，公司决定要对他们考察一段时间，然后根据他们的表现，从两个人中选一个人担任主管。

这是一个晋升的好机会，张进和阿龙都很高兴，但是想到对手就是彼此的搭档，心里有些不自然，二人的关系自消息宣布之日起，慢慢起着微妙的变化。张进觉得很苦恼，虽然两个人工作配合如初，但是私下的话还是少了。考验期还没结束，张进的工作突然被停了，而且还遭到了经理的批评，晋升的事自然就没戏了。这到底是怎么回事呢？原来是搭档阿龙背后捅刀子，将张进平时对经理的不满偷偷告诉了领导。

无论是社会大环境，还是小小的办公室，其中的凶险有时不比三国乱世差，说话、做事稍有不慎，就可能丢掉饭碗，失去发展的机遇。知人知面不知心，只有一言一行有板有眼才是生存之道。千万不要随便与人交心，保持一定的警惕心理是非常重要的，否则惹上麻烦后，你后悔都来不及。

俗话说："相交满天下，知心有几人？"人们总是渴望与别人交心，殊不知万事皆有度，太过交心也会害了自己。希腊有古语曰："知心不是美德，而是灾祸的种子。"因此，不可以过度和别人交心，更不可以随便和别人交心。

1.心里话不可随便吐露

"知人知面不知心"，不能把握他人的真实想法，还去与之交心，这是人生最大的危险，也是一种耻辱。如果你不清楚与自己相处的人到底是何居心，也不能控制与自己相处的人按照自己的想法行事，那么就要注意提高自己的警惕和防范意识，不要随便和别人吐露心声。

2.保持不远不近的关系

职场上，与同事相处太远了显然不好，人家会误认为你不合群、孤僻、性格高傲；太近了也不好，因为这样容易让别人说闲话，而且也容易使上司误解，认定你是在拉帮结派。所以不群不离、不远不近的同事关系，才是最合适的和最理想的。

3.不掺和是是非非

不论多么值得信赖的人，当涉及个人利益的时候，也极易变成敌人。在对方面前批评第三人，无疑是自丢把柄给别人，有一天深受其害都不知其所以然。即使是对方批评第三人时，也不可随声附和，要么哼哼哈哈敷衍过去，要么岔开话题，以免事发时被当成“同案犯”。

社交心理策略

人与人之间的误会、争执、利害冲突不是人们的疏远而造成的，而是因为太亲密造成的。驾驶员朋友都知道，要避免撞车，就要注意车距。同样，在人际关系中，与他人保持适当距离是避免发生冲突的最好的规避手段。

嘴上把好门，关系再近说话也要有分寸

姚太太和严太太是邻居。姚太太是本地人，严太太是新搬来的，大约有三个月左右。两个人的认识是从他们的孩子开始的，由于两家孩了经常一起玩，于是她们两个女人也逐渐熟悉起来。说来也巧，她们二人都喜欢打麻将，由于爱好一致，两人平时没事就在一起搓麻将。渐渐地，关系越来越好，可以说是无话不谈，大有相见恨晚之意。谁家有什么事，另外一家必定出来帮忙。其他邻居还经常开玩笑：“你们俩啊，关系好的都快赶上亲姐妹了，整天形影不离，当心你们老公不乐意。”这只是一句玩笑话，她们都为自己有一个这么好的朋友而感到高兴。但自从发生了这样一件事后，一切都变了。

那天，严太太在骑电动车去上班的路上，不小心被一辆小汽车给撞了，幸亏及时打了急救电话被送到医院，只是左腿骨折，不然可能会因失血过多而有生命危险。

在住院的第二天，姚太太就买了很多水果、煲了鸡汤来到医院看望自己的好朋友。进门后，姚太太就扯开嗓子说：“天哪，我的姐妹是不是走了？”严

太太一听，本身就全身很痛的她立刻觉得很不舒服。虽然她知道姚太太平时爱开玩笑，但这个玩笑实在不好笑。

这时，姚太太继续说："上次我还跟你们家老公说，该买辆汽车了，电动车太危险了。不过人要出车祸，就是开飞机，也是一样要出事。"姚太太的这番话，更让严太太不舒服了，好像她要表达的是严太太注定要倒霉似的。

接下来，严太太口气冷冷地说："姚姐，我身体有点乏了，想睡会，医生说我不适合喝鸡汤，你把东西带回去吧。"姚太太一脸愕然，严妹妹这是怎么了？不过她看到躺在病床上的严太太已经把脸转过去了，就只好走了。

自从这件事后，严太太再也没来找过姚太太，姚太太主动联系她，她也找借口说自己有事。后来，两人的关系也就慢慢淡了，见面连招呼也不打了。

与人交往要坦诚，对于普通朋友如此，对待亲密的朋友更应如此。但是有一点大家需要明白，所谓坦诚，也要坦诚的有分寸，要有度，要讲效果。将"胸无芥蒂，无话不说"作为交往中总的准则是不错的，但是坦诚也应留有余地，关系再好的朋友在人前也要把握好说话分寸，不能因为关系好就无所顾忌。如果你不懂得给自己的嘴巴把好门，那不知哪天，你们的友谊就会破灭。

那么，对于自己的好友，我们该如何把握好相处的分寸，避免关系破裂呢？

1.不要触碰好友的底线

每个人的内心都有自己的底线，底线是人们设置的保护自己的最重要防线。如果你轻易地去触碰他人的底线，那么，很可能会使他人伤心或发怒，由此导致关系破裂。因此，不要触碰他人的底线。

2.不做"零距离"好友

距离是一种美，也是一种保护。朋友之间，需要保持一定的距离。无论是怎么样的朋友，无论关系多么密切，距离都是如此重要。朋友，需用心去经营，需有一定的艺术性。不是在说教，而是有切身的体会。

3.隐私问题不可忽视

每个人都有自己的隐私，一般来说，人们总是喜欢把不想让外人了解的心里话告诉自己的好朋友、好闺蜜。这时候，不管你们关系如何，你都要懂得保守住对方的秘密，也不要拿对方的秘密开玩笑，否则有一天，你们连朋友都做不了。不宣扬他人隐私是一种好的道德品质，这能反映出一个人的修养，希望大家一定牢记。

社交心理策略 为什么生活中许多关系非常亲近的人最后成了伤自己最深的人呢？就是因为对方对你的生活、习惯和各种细节，有着最为细致的了解，而你们性情相投，喜欢的人或者东西必定也会有相同之处，如果对方真的想从你身边夺走一样东西，也是最容易的。

小心被利用，不可泛滥同情心

每个人的心灵都有其柔软的地方，再强势的人也有他人不易察觉的弱点，这就是同情心。做人要善良、要有同情心，不可否认。但如果放到某些具体的、特殊的场合中去考察，则不可简单了之，而是要把握同情心的分寸。如果好坏不分，一味善良，就会常被别人利用。

《伊索寓言》讲过这样一则故事：

一头年迈的狮子，无法再凭自己的力量驰骋沙场，去争夺领地和食物了。但想要活命就必须获取食物，不能力拼怎么办呢？就只能靠智取了。

足智多谋的老狮子很快心生一计，决定躲进一个山洞，然后躺在里面装病。因为洞口常有小动物经过，他一旦听到有小动物经过的声音，就开始痛苦地呻吟起来，借此引来好奇的小动物，同时激发他们的怜悯心。等到小动物一进洞，就突然扑过去，把他们吃掉。

这个办法果然奏效，许多小动物因为同情老狮子而进到洞里被狮子吃了。泛滥的同情心，使许许多多无辜的小动物就这样白白地送进了狮子贪婪的大口，成了狮子的美餐。聪明的狐狸经过细心观察，发现了这个奇怪的现象：许多小动物只要经过狮子洞口，总是有去无回。他开始怀疑洞里的老狮子在玩什么鬼把戏，便决定去一探究竟，彻底揭穿老狮子骗人的把戏。一天，狐狸悄悄来到老狮子的洞口，远远地观察老狮子，看他能玩出什么花招，却丝毫不敢贸然前进一步。正在假寐的狮子感觉有小动物来了，偷眼一瞧，好家伙，这回来了一只狐狸，真是太好了，我正饿得肚子咕咕叫呢，不过狐狸很狡猾，我得想想办法，不能让这送上门的美味跑了。于是他又开始故伎重演，痛苦地呻吟起来："哎哟，哎哟，我的脚怎么这么痛啊。"

狐狸心里暗暗发笑，可还是假惺惺关切地问："大王啊，你怎么啦，哪里不舒服啊？"狮子痛苦地答道："我老了，不中用了，前天散步，一不留神就把脚崴了。朋友，我估计不久就要和你们永别了。"狐狸忙说："瞧您这么强壮威武，这点小病怎么会有事呢？"老狮子说："我可不是装病，不信你过来瞧瞧。"狐狸笑了："我可不敢过去，只怕我这一去，就会像其他动物一样，成了你的一顿美餐。"

老狮子的呻吟声更加痛苦了，他要装得更逼真一些，来赢得狐狸的同情。狐狸见老狮子还在装病，只冷冷地瞥了狮子一眼说："别再装了，我早已识破你的诡计了，难道我是瞎子吗？没看见这里只有进来的脚印，没有出去的脚印吗？我怎么还会上你的当呢？"

我们要做一个具有怜悯之心的人，对于真正需要帮助的人我们有必要给予一定的帮助；可是对于一些别有用心，利用我们的怜悯之心行骗的人，我们应该给予唾弃甚至鄙视。所以，看穿这些人的内心、揭穿他们的骗局就成为了我们现在的课题。

1.有所节制，把握同情的分寸

对于我们来说，同情心不是说不应该有，而是要认清对象是否值得。真正的善做人者大都懂得把握同情的分寸，不会不分对象不加节制地慷慨付出一切。否则，一不小心，不但会使宝贵的同情心白白浪费掉，自己也容易深受其害。

2.一定要有自己的立场和原则

我们不要总是因为怜悯对方而丧失了自己的立场，有些事情是不能做的，就算是对方一再地在你耳边吹风，你也不要动摇，内心坚定才能正道。比如说，有人为了谋取私利而一味地在你面前诉说他的苦衷与艰难，这时候如果你动摇了，伸手为他做点什么，那当麻烦找到你的那一天，你就后悔莫及。

3.仔细观察对方的神情是否有异

注意观察对方的眼神，说真话的人眼珠不会左右乱转，而企图欺骗他人的人的眼神总是不稳定的，左顾右盼。而且他会将视线放在别的地方，不会直视你，这其实是为了逃避由于说谎而产生的压力。只有这样，行骗者才能够让自己心理趋于平衡。

社交心理策略

我们说不可滥施同情心，不是说不应有同情心，只是告诉大家认清现实，不要上当。善良的人不是说为了他人就不分青红皂白竭尽全力为其做事，而是懂得把握做事发分寸，不让心怀不轨之人为所欲为。

眼明心亮，看清周边的小人

王安石在担任宰相期间，对吕惠卿极为信任，他夸奖吕惠卿说："吕惠卿办事用心勤勉，是朝廷中难得的人才，好好栽培他，一定能为国建功。"

吕惠卿其实是个阴险小人，他为了骗取王安石的好感，故意装出一副正直勤恳的模样。一次，他假装气愤地对王安石说："现在有不少人抵制新法，完全不为国家大计着想，我真不知这些人是何心肠？一个人做官若是只为私利，那他就没有报国之心了。"

王安石最欣赏忧国忧民的人，吕惠卿的假话骗了他，王安石渐渐地把他当作知心朋友对待，和他无话不谈了。

吕惠卿总是找借口和王安石饮酒聊天，王安石说过的一些激进话，吕惠卿暗中记下，以备他日攻击王安石之用。他把王安石写给他的信一一收好，其中犯忌的话语他都特别摘出，收录成册。

对于这些，王安石毫无察觉。有人在旁看得清楚，提醒他说："看一个人的品质如何，要看他后半生的表现，这才是准确无误的。你现在有权有势，自然有人会恭维你，这个时候的朋友，未必可靠啊！”但王安石坚信自己识人没错。果然，吕惠卿后来向神宗皇帝上报王安石的“罪证”，于是神宗皇帝开始疏远王安石了。

王安石被迫辞官后，吕惠卿公开打击王安石。他把王安石的两个弟弟贬到外地，肆意诬陷王安石危害国家，任人唯亲。王安石十分后悔，却也无济于事。

王安石错用了吕惠卿，对他的事业造成了不可估量的损失。他只相自己的眼睛，却不相信旁观者清的事实；他刚愎自用，到头来自食恶果。

看完上面的故事，相信大家也不禁寒颤，因为一不留神，真就会栽倒在小人手里。谁都知道，小人最难提防。之所以如此，并不是因为小人在实力上比正人君子强多少，而是由于小人从不在自己脸上刻字。他们的小人勾当，也多是在阴暗角落里干出来的；到了人前，他们也许比君子装得还要像君子。所以说，在社交中要想自己不被小人所害，我们必须懂得识人，看清他们的真面目，时刻保持警惕心理，说不定小人就在你的身边。

与人交往，可以说鱼龙混杂，形形色色的人都有。看清小人嘴脸，远离小人，或者把自己变成刺猬，让那些小人远离你，这样才能远离麻烦和灾难。但是，有时候你还要不可避免地与小人打交道，这时候，你就要找到一个合适的距离，既对自己有利，又能避免得罪“小人”。那么，生活中有哪些小人需要你有所提防呢？

1. 看不得别人好的小人

因为小人心眼儿小，所以看不得别人好。如果别人做出了一点儿成绩，或者别人做得比他好，他就忌妒得要命。遇到这种情况，小人一般会冷嘲热讽，说些“吃不到葡萄说葡萄酸”的话。还有些小人心机比较重，虽然嘴上不说什么，但是暗地里搞破坏，说别人的坏话。

2.前后不一致的小人

他们是诡诈的小人，开始时你也许会把他当作朋友，但后来却发现，他其实是想贬损你或欲加害于你。凡是在领导面前露脸的工作就抢着干，凡是领导看不到的工作就能推则推。这类小人的特点是“皮笑肉不笑”，叫人猜不透笑容背后究竟隐藏着什么。

3.喜欢挑拨离间的小人

人世间，绝大多数人是真诚和善良的，但也确有一些虚伪和刁滑的丑类。那种为了个人的私利而挑拨离间的龌龊之辈，就是这些丑类中的一种。爱造谣生事、挑拨离间的小人总是特别善于见缝插针，恨不得早一点置别人于死地。

4.故作愚笨没责任心的小人

小人往往在别人面前表现得很笨拙，遇到不愿意干的活或者没什么利益的事，通常会以此为借口顺道吹捧别人几句把麻烦推出去。这种故作笨拙的人，实则精明透顶，有利的时候少不了他，有危机的时候找不到他。

5.见利忘义的小人

小人见利忘义，他们为了自己的利益，今天可以和你称兄道弟，甚至鞍前马后，明天就会说你一无是处，反目成仇。他们为了达到自己的目的不择手段，到处拨弄是非，甚至点头哈腰，围着有权力者摇头摆尾。

社交心理策略

小人可恶，但并不代表你要与之为敌。因为小人是不择手段的人，他们如果要报复，必定心狠，所以，没必要的情况下还是别与他们硬碰硬为好。看清小人的真面目需要慧眼，与小人保持合适的距离需要处世智慧，忍耐小人的狭隘无礼需要度量。总之，人生路上，不得不修炼防小人的技巧！

第13章　对症下药，求人办事先从对方心理入手

红顶商人胡雪岩曾说过，“一个人的力量到底是有限的，就算有三头六臂，又办得了多少事？要成大事，全靠和衷共济，说起来我一无所有，有的只是朋友。”但凡成功者都有一个共通之处，那就是他们都特别懂得如何利用他人的力量来达到自己的目的。想要利用他人的力量帮助自己，那就得懂得求人办事的技巧。求人办事时，对方能不能答应你的要求，能不能全力帮助你把事情办成，关键在什么？关键在他心里是怎么想的。他的心里怎么想问题，就决定了他对你提出的事是给办还是不给办。所以说，求人办事是一门学问，需要你对症下药，摸清对方的心理，这样才能成功。

巧妙磨人，让他乐意帮助你

王丽丽是某家公司的一名普通职员，别看她职位不高，却是个软磨硬泡的高手，她被大家视为很有手段的角色。

王丽丽人长得漂亮，说话细声细气。每当在工作中遇到什么困难，王丽丽总是要请求公司各部门的同事们帮助。有时候同事没什么事也就答应了，但有时候同事不愿意帮忙，可王丽丽总是有办法说服那些不愿意帮忙的同事们。

虽然对方会摆脸色，但王丽丽仍旧细声细气地央求他们，软磨硬泡，满脸笑容，同事们拿她没有办法，最后往往都会伸出援手。

“软磨硬泡”是一种特殊的求人术。它能以消极的形式争取积极的效果，可以表现自己不达目的不罢休的决心和毅力。给对方施加压力，也可以增加接触机会，充分地表明自己的态度、思想和感情，以影响对方的态度，最终达到目的。在生活中，如果你想求人办事，但是对方并不乐意帮你，这时候你不妨

学会变通，试试“软磨硬泡”的求人术。

韩梅在南方的一家公司上班。说到韩梅呢，大家都有点无奈。虽然她业务能力不错，但长了一张苦瓜脸，个性怪异，人冷冷的，少言寡语，也不喜欢参加单位的集体活动。这么个怪人没人喜欢她，可有些问题还非得她来解决，所以她是单位有名的硬茬、牛人。

谭小月的案子有问题，需要韩梅帮忙。怎么开口呢？谭小月想来想去，演出了下面的一幕：

谭小月装作无意地在韩梅身边抱怨：“天啊，这不是折磨我嘛，真是糟心啊，我很是没用，这样的工作简直就是要我命啊。”韩梅抬头看了看谭小月，谭小月继续说：“韩姐啊，有时候我就想啊，同样的工作，对你来说，简直不算什么，不值一提，怎么对我就这么艰难啊，难道我真的是太笨了吗？一遇到这样的问题我就只能仰天长叹，您能不能收下我这个笨徒弟，教我几招啊。”韩梅听到这里，似笑非笑地抢过谭小月手里的文件夹，有点嗔怪地说：“我是不是前世欠你的啊，小月！”

常言道：“人心都是肉长的。”无论你与对方之间的距离有多大，只要你善于用自己的行动证明自己的诚意，就会促使对方去思索你所提出的请求，进而理解你的苦衷，那时，你将会“泡”到成功的希望。

1.保证充足的耐心

很多事情，不是一时半会儿就可以解决的，你要找出问题的症结，了解对方冒险的程度、考验对方的实力、找出对方的弱点、知道对方的要求，或者要改变对方的期望程度等等，甚至应该知道对方处在压力下会做出什么选择，这一切都是需要时间的。所以说，磨人必须要有耐心。

2.待人要笑容满面

始终做到彬彬有礼，摆事实讲道理也要笑容满面，并要经常出现在能让对方看到的场合。例如，他的办公室、家里等，而且每次都要准时无误，让对方感到好像是在上班一样，一到点就赶来了。这样，对方总能看到自己，也就总能想到自己的事情了。

3.多种说服手法相结合

如果想磨人成功，就要综合运用笑脸面对、幽默开道、调动眼泪、苦苦哀求等说服技巧。获得对方的认可、同情甚至赞赏，才是我们所要达到的结果。如果不分对象或者是不顾自身条件一味纠缠，必然会落下一个不好的名声，让大家唯恐避之不及。

4.放下面子，不怕求人

我们求人办事，不能脸皮太薄。如果别人说一句就打道回府，这样办事肯定办不好。生活中，很多人因为放不下面子，而不愿求人，所以常常办不了大事。会办事的人为了达到目的，能厚着脸皮跟别人磨，直到磨得他人同意为止。

社交心理策略

“磨”不是消极地耗时间，也不是和人家耍无赖，而是善于采取积极的行动影响对方、感化对方，促进事态向好的方向转化。磨功，也是一种韧劲，一种谋略。在求人办事中，谁磨的功夫高，谁就是胜者。

了解对方的喜好，看人下话碟

厨师做菜，需要根据顾客的口味来烹饪。因为众口难调，同样一道菜，一个人喜欢吃，不代表另一个人也喜欢。说话也是一样，同样的一句话，对这个人说就能起到作用，而对另外一个人讲却丝毫没有反应。这就是我们为什么要在说话的时候注意分辨说话对象的原因。

王振兴今年二十三岁，刚刚毕业，毕业之后还算顺利，没经过多大折腾就来到了现在的公司上班。参加工作前，他爸爸就一直叮嘱他，在职场上要说该说的话，要做到言之有忌。王振兴把爸爸的话铭记在心，但是要怎样才能做到言之有忌呢？王振兴很迷茫，不知道该怎么办，他想：“也不能啥话都不说吧。”

一次，王振兴和一位女同事聊天，无意间说对方从外表上看，像是个刚二十岁的小女孩，完全看不出快三十岁的样子。那位女同事听了特别高兴，并且允诺王振兴如果有需要帮忙的地方，尽管找她。王振兴想："可能女人都希望别人说她年轻漂亮，下次遇到女生我也可以这样夸她，就会得到对方的好感了。"

后来，公司来了一位女客户，王振兴负责接待。在闲聊的时候，王振兴夸赞对方看上去很像个小女孩，看着特别年小。谁知道对方听到这句话后，脸色立刻变了，之后不论王振兴说什么，对方都冷淡地回答。

原来客户一直想成为一个女强人，但是又长了一副甜美的脸蛋，因此别人时常怀疑她的能力，这让她很气恼，所以当别人夸她像个小姑娘的时候，她觉得是别人是在间接否定她的能力，当然很不开心了。最后生意也不想谈了，没等王振兴的老板出来见她，就找个了借口离开了。王振兴也因此被经理臭骂了一通，本来有望加薪，但是这下全泡汤了。

由此可见，说话的时候一定要对不同的人说不同的话，见人就要少说鬼话，见鬼就要少说人话，这样才能真正做到言之有忌，不会踩到别人的雷区，得罪别人也影响自己。

看人说话，不要觉得这是对人处事圆滑的讽刺，这恰恰是一种智慧，一种处事的策略。正所谓，到什么庙里烧什么香。不同的庙里有不同的神，不同的神有不同的爱好，就像不同的人有不同的性情一样。真正懂得敬神的人，就会充分准备，投神所好，对不同的神烧不同的香，这样才能神心大悦。

会说话的人懂得因人而异，遇到不一样的人说不一样的话，尽量符合对方的心理需求，从而取得对方的好感和支持。想要把话说到不同人的心里，你需要做到以下几点：

1.对对方有个初步了解

人与人之间的差异有时是惊人的。独特的个性、独特的爱好、独特的生活习惯、独特的知识结构，尤其是独特的心理态势，这些综合起来就使某个人成为独具异彩的"这一个"。所以说，想要与"这个人"打交道，你必须先对此人有个了解，这样才能分清形势，巧妙对待。

2.注意对方的身份地位

无论在哪个国家、什么时代，人们的地位等级观念都是很强的。对方的身份、地位不同，你说话的语气、方式以及办事的方法也应有异。如果不明白这一点，对什么人都是一视同仁，则很可能会被对方视为无大无小，无尊无贱，尤其是那些身份地位较高的人。

3.注意年龄问题

和老年人谈话要谦虚。我们常听到长辈教育后辈时说："我走过的桥比你走过的路还多。"这是很有道理的。老年人虽然接受的新知识比你少，可是他的经验比你丰富。因此谈话时，必须谦虚。此外，老年人也有年轻的心态，说话时请注意。

4.注意对方的表情变化

我们要时刻留意对方的面部、体态、语言表情。所谓"看人说话"，主要是看这三种表情。从这些表情变化中，我们便可随时猜度对方的心理态势，透视对方的心理需要，也就可以随时调整自己谈话的内容与方式，使之更适应对方的思路。

5.注意对方的兴趣爱好

人们的兴趣爱好往往牵连着头脑中的兴奋点。我们如果在交谈中根据不同人的身份、地位、兴趣爱好，从不同的话题入手，常常可以比较容易地打开对方的心扉，步入对方的心灵深处，有效地激发对方情感的共鸣，顺利办成所求之事。

社交心理策略

孙武有句名言："知己知彼，百战不殆。"说话也是这个道理。和聪明人说话，需凭见闻广博；与见闻广博的人说话，需凭辨析能力；与有钱人说话，言辞要豪爽；与穷人说话，要动之以利……见什么人说什么话，此乃说话的至高境界。

利用同情心，求人办事好说话

在很多时候，用感情打动别人，激起别人的同情心，比一味滔滔不绝地讲大道理会更有效果。大多数人都具有同情心，即使铁石心肠的人也不例外。同情能够加强别人对你的理解，因此求人办事不妨利用一下别人的同情心。

有一天，林肯正在办公，突然传来敲门声，进来一位老妇人。见了林肯，老妇人两眼一热，哭了起来。

林肯走上前去，安慰说："您先别哭，有什么冤屈给我说，我帮助你。"

老妇人停止了哭泣，缓缓地说："我是一位孤寡老人，我的丈夫在独立战争中为国捐躯了，现在主要靠抚恤金维持生活。可是前不久，抚恤金出纳员私底下勒索我，要我交手续费，这笔手续费非常昂贵，是抚恤金的一半。"说着，老妇人又哭了起来。

林肯听后十分气愤，他说："放心吧，我替你打官司，一定要将那个可恶的出纳员绳之以法。"

老妇人忐忑不安地问："我没有钱出律师费。"

林肯说："我不收你的律师费，免费为你打这场官司。"

由于出纳员是口头勒索的，没有留下任何凭据，因而指责原告无中生有，形势对林肯极为不利。在法庭上，林肯两眼饱含泪水，回顾了英国殖民者对当地民众的压迫，爱国人士如何抛头颅洒热血，如何忍饥挨饿地在冰雪中战斗，为了美国的独立血染疆场。

最后他说："现如今，一切都成为了历史，英雄早已长眠地下，可是他衰老而又可怜的夫人在这里要求申诉。她之前也是一位美丽的少女，也曾经与丈夫有过幸福的生活。可是现在她已经一无所有了，变得贫穷无靠。然而，即使如此，白白享受着幸福的某些人还要勒索她那一点微不足道的抚恤金，我们能熟视无睹吗？"

法庭里充满哭泣声，法官的眼圈也在发红，被告的良心也被唤醒，承认了曾经勒索的事实。最后，法庭通过了保护烈士遗孀不受勒索的判决。

故事中的林肯就是利用老妇人的悲惨，博得了法官的同情，从而通过了保护烈士遗孀不受勒索的判决。

以情动人，凡事皆可办成。面对求情者的眼泪和哭诉，听者就是铁石心肠，也免不了会动心。这并不是说，凡求人办事都要摆出一副可怜兮兮的样子，而是当我们在求人解决问题时，应该调动听者的同情心，使他从感情上与你产生共鸣。这就为你解决问题打下了基础。

那么，我们该如何巧妙利用对方恻隐心理，成功激发对方的同情心呢?

1.次数不能太频繁

适当地向别人诉说一下自己的不幸，比较容易得到对方的同情。但如果次数太多，就容易造成对方心理上的麻木与意识上的厌倦。无论你经历了多么悲惨的遭遇，对方在听多了之后也就不会有任何感觉了。他们非但不会产生怜悯之心，还会尽情地嘲笑你、捉弄你。

2.用情义和热忱“缠”住对方

当一个人被别人一再请求时，往往会形成一种心理压力，这种压力会促使他的态度软化。不过，也要注意时间、场合和对方性格等客观因素，因为这种多次纠缠如果使用不恰当的话会产生副作用。

3.了解倾诉对象的情感倾向

要引起对方的同情，必须先了解对方平时爱好什么，赞扬什么，又愤慨什么，了解他的情感倾向和对事物善恶清浊的评判标准。要引起对方的同情，还必须在人之常情上下功夫，把自己所面临的困难说得在情在理，令人痛惜惋惜。

4.硬话软说，巧妙示弱

我们所说的示弱并不是真的在示弱，也不是非得以眼泪才能博得对方的同情，而是通过这种说话的技巧达到你的谈判目的。在生活中，我们常常会听老人们这样说：“软刀子更扎人！”也就是说，我们在谈判过程中，要硬话软说，同时，我们的态度要不卑不亢。

求人办事时，要想把事情顺利办好，就必须在人之常情上下功夫，必须将自己所面临的困难说得合情合理，令人痛惜和惋惜，让对方的感情之水随着你的感情一起荡漾，促使对方伸出热情之手，帮助你把事情办成。

脑袋灵活一点，问题才会更简单

明智的人使自己适应世界，而不明智的人只会坚持要世界适应自己。也就是说，变通是天地间最大的智慧，是才能中的才能、智慧中的智慧。我们每天都会面对各种层出不穷的人际矛盾与环境变化，你是要以刻舟求剑来以不变应万变，还是要选择灵活机动的变通方式来应对万变的世界，这是个人需要明确确立的一种做人、做事的心态。

童勇是个秉公办事的小伙子。在单位负责人员考勤，恪守公司的各项规章制度。每次有人迟到早退，无论是什么原因，到童勇这里都没有通融的余地。有时候，有人只是迟到了一分钟，童勇也会记录下来；有时候有人病得厉害，不得不早点下班上医院，童勇也不会轻易放过对方。在月底考勤的时候，按规章办事，该罚多少，就罚多少。因此，童勇和同事们的关系都不好。

这并不是童勇有意为难同事们，而是他不太懂得变通，太遵循制度。有一次童勇参加一个培训班，忘了带进门卡。门卫说不能进，让他在门外等着，或是回去取卡。他就在门外等着，一直等遇到熟人才把他带进去，等他进去的时候，培训演讲都接近尾声了。而那些跟童勇一样忘了带卡的人，找了各种理由或套近乎就进去了。

变色龙，改变自己的体色，才避免了敌人的捉捕；蛹，蜕掉自己的外壳，才成为空中的色彩。同样，生活中每个人应懂得变通。古语云：“变则通，通则久。”拥有了变通，便拥有了先人的一步优势，变通代表的是另一种思维方式，另一种处世方法。

通往成功的道路不只一条，变通做事是面对困境或难题时，善于转弯、另辟蹊径。变通不是恭维圆滑，而是一种方式的改变与尝试，无论什么时候都不应该忘掉变通的方式。变通做事让你在危难关头化险为夷，在生活中如鱼得水。变通做事，方能化解矛盾，硕果累累。

朋友们，如果你在为人处世方面总是处于偏执的状态，你不妨看看以下几点，从中学习一下如何在社会中灵活自如地与他人相处。

1.识时务者为俊杰

中国有句俗语："人在屋檐下，怎能不低头。"在现实人际交往中，我们应该学会审时度势，以达到与现实保持主动、和谐的关系，使二者的摩擦与冲突降至最低点，使自我能量得以保存，以便在人生路上获得更长远的发展。

2.不同的人，不同的对待

在人际交往中，注意做到随机应变。跟君子相处平平淡淡，跟小人相处应该保持一定距离，跟坏人相处应该见机行事……总之，将灵活机变的策略发挥得越充分越好。

3.避免钻牛角尖

在生活中，有些人往往做事认死理，钻牛角尖，甚至一条道路走到黑。其实，有些时候，只要不经意地变通一下，也许就会变得豁然开朗，柳暗花明。所以说，为人处世，别太固执，多思考几种出路，相信你会找到更好的方法。

4.相信自己，给予自己积极的暗示

即便你陷入了困境，即便你遇到了棘手之事，也不要消沉，不要焦虑，有一条路可以绕开生活道路上的一切障碍，让你到达目的地，这条路就是灵活变通。凡事变通，将能够顺利解决问题，找到更为宽广的出路。

社交心理策略

灵活变通的做事方法会让尴尬的事情变得自然，会让离轨的事情走回正轨，这就是灵活变通的魅力。大家在运用灵活变通的做事方法时，要结合语言艺术，要言行合一，这样的效果更明显。要记住：找到好方法，比一味苦干更重要。

第14章　储备人脉，礼尚往来学会积累关系资本

人脉犹如树脉。一棵小树苗要想长成参天大树，成为栋梁之材，一定要有粗壮厚实的根脉供应大地的营养，一定要有充足丰硕的枝脉和纤细纵横的叶脉供应天然的空气、阳光和雨露。假如没有了这些，这棵树也就无法存活。做人也是这个道理。要在社会上办成事，首先必须给人留下一个好印象，建立一个好人缘。人缘好的人，在社会上的形象就好，社会评价也高，因此托人办事也容易得到理解、同情、支持、信任和帮助，所以一个人的人缘好坏，直接反映出个人在社会上的办事能力和水平。那么，如何才能储备更多的人脉呢？相信看完本章，你就会找到属于自己的答案。

相信你的热情一定会打动对方

李海亮是一家公司的一名销售，他为人热情，性格开朗，不管面对熟人还是陌生人，李海亮都能迅速与之交谈。不管他走到哪里，总会很热情地人打招呼。

周一下班回家的路上突然下起了雨，这时李海亮心想幸亏自己带了雨伞，要不回到家就淋成落汤鸡了。走着走着，他发现身旁有位因没打伞而慌张走路的人。于是李海亮就非常热情地邀请和他共用雨伞，他们边走边聊。李海亮说："这么大的雨水，街上都可以钓鱼了！"对方自然聊到自己的兴趣爱好，李海亮发现他与自己一样，都很喜欢钓鱼。之后的很多个周末，两个人常常相约结伴钓鱼。经过一段时间的相处，李海亮和对方的关系越来越密切，可以说是称兄道弟的哥们了。

后来，李海亮经过对方的介绍进入了一家知名企业工作，工资待遇特别丰

厚，每个月的薪水是原来的好几倍，而且发展前景非常好。因为偶然的相遇，因为李海亮热情的帮助，两人建立起了深厚的友谊，并为自己铺垫了美好的人生道路，每当谈到这件事的时候李海亮都感觉无比幸运。

热情的人总是易于受到人们的欢迎。著名的大文豪爱默生曾经说：“热情是能量，没有热情，任何伟大的事情都不能完成。”对普通人来说，饱满的热情能弥补才华的缺乏，能带给周围人不一样的感染力。热情可以帮助我们战胜困难，打开局面；热情还可以帮助我们化解矛盾，收获友谊。用热情来感染别人，往往会收到事半功倍的效果。热情与否决定着你是否能最大限度地感染别人，得到他们的认可。

王小林现为一家软件公司的业务主管，如今公司运营良好，公司职员都满怀热情地对待自己的工作。可在这之前员工对自己的工作感到倦怠，很多人都决定要离开公司另谋出路。王小林的到来给整个公司带来了活力，他总是热情工作，并且他的这种热情很快就传递给了全公司的员工，使得他们也热情对待工作。

王小林总是最早到公司，还笑着与同事问好。一旦开始工作，他立刻神采焕发，好像有用不完的精力一样。工作时，他能充分发挥自己的才能和发掘同事身上的潜力，找寻新方法。从他到来后，公司的员工都受他的感染，披星戴月，干劲十足。看到了王小林富有热情的工作态度，进入公司不久，经理就把王小林提拔为业务主管。

生活中，人们都喜欢洋溢着热情的人，而不喜欢那些整天都冷冰冰地板着一张脸的人。美国心理学家、作家杜利奥说道：“没有什么比失去热情更使人觉得垂垂老矣。”如果精神状态不佳，那么一切都将处于不佳状态。所以说，保持热情的状态对于一个人的生活来说尤为重要。

热情就像是一团火，它能迅速融化对方的心，让彼此的关系更为亲近。那么，你知道如何焕发自己的活力，做一个热情的人吗？

1.一视同仁，热情要平等

无论对方的地位如何，比你高上许多、平级或是比你低上许多，我们都要表现得大方、坦然自若。这种行为会让处于高级别的人觉得你没有阿谀奉承之态，相同级别的人觉得你平易近人更可交为朋友，低级别的人觉得你不要高姿态，让人感到轻松，从而激发交往的动机。

2.时刻保持积极的人生态度

在日常生活中，即使自己失意了，我们也应该避免失败者的态度，不要认为自己失败了就再也没有办法重新获得成功。相反，我们该给自己找一个进取的理由，怀着热情，鼓舞自己和家人。只有充满热情和希望才能面对未来，最后才会赢得成功。

3.主动拉近彼此的距离

性格内向的人不易接近，很多情况下是由于对其性格特征和具体情况缺乏了解和认识。如果我们能以主动的态度去了解对方，熟悉对方，并以实际行动去接近对方，那么这种因性格差异而带来的心理距离会逐渐缩短。

社交心理策略

热情，作为一种精神状态是可以互相感染的。如果你始终以最佳的精神状态出现在你沟通的对象面前，那对方一定会因此受鼓舞，你的热情会像野火般蔓延开来。你的热情就能感染和打动他。热情是重要的，它具有巨大的威力。热情是发自内心的激情，如果一个人激情洋溢，那么这个人就是有吸引力的。

点滴积累，建立你的人脉圈

好莱坞流行一句话：“一个人能否成功，不在于你知道什么，而在于你认识谁。”正如这句话所言，这是一个人脉大行其道的年代，谁都不可能成为孤胆英雄，不管你是商界的领军人物，还是普通的公司职员，都不能逃脱一张关系网。建立起合理的人际关系网，才能为自己走向成功打下良好的基础。年轻的时候是建立自己的人际关系最重要的阶段，这个时期建立起来的人脉网也是最具竞争力的。因此，人们应该把握好自己年轻的这段时期，尽早建立并管理好自己的人脉网。

沈星和邢宇是大学同学，大学毕业之后他们同时被上海一家公司聘用，两人的关系就从同学变成了同事。论才干，沈星和邢宇可以说是不分上下，但邢宇嘴甜、活络、会来事儿，沈星却有点木讷。就是这一点差别，让两人的地位很快发生了变化。刚进单位时，上司刘总就对他们说：“小沈，小邢，有些事情我要跟你们说明白，你们只能通过自己的本事来取得成绩，获得晋升，歪门邪道是绝对行不通的！”沈星和邢宇一直都挺有才能的，试用阶段的工作完成的都很不错，刘总还特意表扬了他们一次。一段时间后，邢宇已经不是刚进公司时的那个邢宇了，他成了办公室里的大红人：公司里谁的电脑出现异常就招呼邢宇帮忙；吃饭时间到了，他们就招呼邢宇一起聚餐；打球的时候，他们也约着邢宇；同事家的孩子需要帮助辅导功课，邢宇也主动提出帮忙；刘总喜欢古玩，邢宇就托人从北京带来他们那里较好的工艺品送刘总……就这样，单位里每个人都夸邢宇好，刘总也觉得邢宇工作成绩好，才能出众，又不浮躁，作为年轻人，实在很难得。一年之后，刘总将就给邢宇升了职，结果不但没有人非议，大家还都夸刘总是伯乐，慧眼识珠，像邢宇这么优秀的年轻人早该提拔了，从此刘总更器重邢宇了。沈星呢？他一直默不作声，别人有什么事情他也不主动帮忙，平日里也不喜欢跟大家谈心说话，所以慢慢地他好像就淡出了人们的视野。尽管沈星的能力也很不错，但因为人脉太差，他很难得到让自己充分发挥才能的机会。

一个人的成长、发展、成功都是在人际交往中完成的，甚至一个人的喜怒哀乐也都与人际交往息息相关。没有人际交往，人们不知道会面临什么样的遭遇。没有人际交往，人们就组不成家庭、社会和同家，更谈不上个人的前途和发展。所以说，想要在社会上有所出路，你必须懂得建立自己的人脉圈。

1.组织饭局，建立感情

在饭局上的人情绪大都会非常好，更容易结成深厚的友谊。如果真正拜访十位客户需要花费许多时间，可是运用饭局拜访客户，在还没展开正式工作之前，就已经见了十位客户了。组个饭局，不但可以进一步加强与客户现有的关系，甚至能得到某些很有价值的回报。

2.多主动去交朋友

多交朋友，主动交朋友，自然就要参加一些社交活动，如：与同事一起吃饭、泡吧和唱歌，周末打打牌等。通过这些娱乐活动，加深彼此的了解，增进友情。这样不仅有益于身心健康，而且对工作大有帮助。

3.借用他人力量认识新朋友

通过第三者来传达自己的心情和愿望，在拓展人脉中是常有的事。人们会不自觉地发挥这一技巧，比如：“我听同学老张说，你是个热心人，能够认识您非常荣幸”等。但要当心，这种话不是说说而已的，也不能太离谱，有时有必要事先做些调查研究。

4.参与你感兴趣的活动

你可以选择你自己喜欢的任何一个机构参与其中的活动，但要我们的时间与精力相吻合。例如，加入一个集邮社，加入一个健身俱乐部，或者加入一个政治团体，随便哪一个团体都可以。认识里面的人，然后建立你的人脉关系。

社交心理策略

在今天，朋友也许更重要，因为今天的生活压力太大了，我们更需要友谊的滋润。这里所说的并不是“酒肉朋友”，而是患难与共、相互扶持的朋友，这是人类关系中最佳的一种。记住，拥有真诚友谊的人，比百万富翁或亿万富翁更富有。

自己更有价值，他人才会更喜欢你

一个人的价值会影响到他的交际，因为人们都喜欢和那些浑身散发活力，充满正能量的人交往。当一个人失去价值的时候，没有人愿意继续与他交好，包括朋友。朋友会在你一朝落难的时候扶你一把，会助你重拾信心和勇气，甚至出资出力为你两肋插刀，那是因为他们对你有信心。如果有一天你真的自暴自弃了，大部分的人都会远离你，因为你已经没有价值了。

王敏如是一名普通员工，由于她没有什么经验，进入公司后，她的上司让她先从一些简单的事情做起，主要负责一些稿件的复印、收发等工作。王敏如虽然不太乐意，但还是很积极地投入了工作，并且，她的每一份工作都做的非常好，可以说尽职尽责，因为她觉得这些都是一种提升自己能力，让自己更加优秀的锻炼。

当部门的同事有要复印的资料时，都会抱过来找她。这时，王敏如非常负责，在复印的过程中如果发现文件有问题，她就会及时地告诉同事。王敏如的认真负责，使得同事们少犯了很多错误。

王敏如的上司匆忙地拿着一份合同让王敏如复印，她习惯性地把合同看了一遍，上司看到王敏如拿到文件不去复印，反而在那里仔细地看，便很不耐烦地催她。这时，王敏如指着合同中的一个地方，告诉上司她发现的问题。她的上司看到后吓了一身冷汗，要不是王敏如发现，公司可能要给供货商多付几百万元。

上司没有想到王敏如对工作这么负责，不久之后，就让王敏如担任了自己的助理，他对王敏如说："有你这样的员工做我的助理，我是一百个放心。"

每个人都有自己独立的人格，你不能无缘无故地奢求别人主动来喜欢你，你必须端正自己的心态，提升自己的价值与魅力，才能使自己具备招人喜欢的特质和品行，才能赢得他人的关注和青睐。事实证明，人们越喜欢你、越认为你亲切，他们就越想看到你的身影、听到你的声音，也就越愿意和你出现在同一场合。成为一个有价值有魅力的人，成为一个真正亲切讨人喜欢的人，比其他任何品质都能为你争取到更多的机会。

那么在不断提升自我的过程中，我们需要做点什么呢?

1.克服自身不利的性格因素

人的个性千差万别，一方面是受遗传因素的支配，另一方面是生活环境和个人修养使然。可是，这并不意味着一个人对自己的个性就完全无能为力了。相反，为了提升自己的人生品质，我们应该积极地克服那些对自己不利的性格因素，寻找能为自己的个人魅力加分的良方。

2.养成积极开朗的性格

一般说来，积极开朗的人格、性格特点有利于社交圈的形成。例如，永远自信、高度的乐观、喜爱和群体在一体、乐于帮助别人、善于换位思考等。养成这些习惯，并不是说让每个都成为“人来疯”，因为人的性格有内向和外向之分，也无法强求谁做出任何改变。

3.时刻为自己充电

只有天天学习，才能天天进步，才能让能力得到不断的提升。每个人都应该把学习作为自己的责任之一，当责不让。只有这样，才能更好地为企业工作，创造出更辉煌的业绩，获得更多的成就自己的机会。

4.提升自己的沟通力

平时要积极改善人际关系，特别是要加强与上级、同事及下属的沟通，要随时切记，压力过大时要寻求主管的协助，不要试图一个人把所有压力承担下来。在压力到来时，还可采取主动寻求心理援助，如与家人朋友倾诉交流、进行心理咨询等方式来积极应对。

5.多一点兴趣爱好

兴趣和爱好是与他人相识、广交朋友们的一个很好的媒介。如果你喜诗爱画、能歌善舞，集邮、摄影、体育样样都懂一些，你就与朋友有了可共享的兴趣爱好、共同的语言、共同的心声。无形中，你和他人会建立友谊，朋友也会逐渐对你产生好感。

实际上，作为一个普通人，我们需要吸引力，它能使你有足够的魅力吸引别人，你的人气才会旺，才会使你赢得足够的支持。要是你想作为一个领袖人物，那就必须具备吸引别人的能力，这就是作为一名领袖的号召力和影响力。

多交朋友，扩大你的交际圈

如果问：“你有没有朋友？”一定有很多人答不上来，即使能够回答得出来，大致也都是学生时代的同学或办公室里合得来的同事，所想得出来的不过几个人而已。这些人虽然也可直接结为朋友，但是严格讲起来，朋友的关系范围应更广，基础更深才行。所谓“朋友多了路好走”，其实就是这个道理。

冯进毕业于一所重点大学，在校期间是非常优秀的学生干部，结交了许多好朋友。毕业后自己创业开办了一家公司，刚开始生意十分红火，赚了一些钱，冯进就拿自己赚的钱，帮助其他的朋友创业。

冯进看准了一个很好的机会，投资了一个项目，把公司的资金全部投入进去，可是资金回来得很慢很快就周转不开了，如果资金跟不上，公司就彻底垮了，可冯进又实在没钱了。这时候，冯进的同学和朋友听说了，全部倾囊相助，帮助冯进渡过了难关。最后这个项目让冯进赚到很多钱，不但可以很快还给朋友们，公司的资产也翻了几倍。

所以说，朋友多了好办事，好朋友会在你经济遇到困难时慷慨解囊、倾力相助。

一个人的好运和成功离不开朋友的帮助。“朋友”正是因为志同道合才能走到一起，彼此之间有种天然的吸引力，或者是共同的爱好，或者是共同的志向，或者是共同的追求。正是有了朋友的互相帮助，才有了许多场合的和谐，许多人士的成功。所以说，想要生活更加幸福，那就多交一些好朋友，扩大一下你的交际圈吧！

不管怎么样，迈出第一步是至关重要的，不要总是躲在角落里，那样别人真的会将你遗忘，甚至有一天自己也会将自己遗忘了，这是多么可怕的事情啊。所以，从这一刻起敞开你的心扉吧，当阳光照进来时，你会发现拥有很多朋友是多么幸福的一件事！

那么，我们的朋友圈需要扩充哪部分人更为靠谱呢？

1.多结交一些“贵人”

“贵人”可能是指某位居高位的人，也可能是指令你心仪、急欲模仿的对象，无论在经验、专长、知识、技能等各方面都比你略胜一筹。因此，他们通常是你的上司、师父，也可能是教练或者引荐人。我们要多结交这样的比我们优秀、卓越的朋友。

2. 多与前辈、积极向上的人接触

年轻便是本钱，多与前辈、积极向上的人接触是非常重要的。这些人拥有的丰富经验是年轻人创业最好的范本，而且他们看到对未来充满雄心、憧憬的年轻人就好像看到当年的自己，通常会特别有好感。所以，相信他们会很愿意向我们提供他的一些见解和经验的。

3.多与善良、豁达等品质较好的人做朋友

俗话说：“玩要择伴，住要择邻。”我们交朋友的时候，要选择明智豁达、胸怀博大的人，这种人一般都见多识广、博学多才，会处处给我们有益的帮助，在我们做事的时候会给我们很好的建议。注意，我们一定要远离那些斤斤计较、小鸡肚肠、总会患得患失的人。

社交心理策略

中国人深知“山不转水转”的道理，一方面力求不得罪人，以免“不是冤家不聚头”；一方面则要求广结善缘，以便随时随地可以找到熟人，以方便办事。同时，结交各行各业的朋友，不但可以扩大视野、增长知识，而且能够随时请教，不至有问题时请教无门。

分享人脉，让“一”变成“多”

人脉不是收藏品，我们要懂得通过人脉资源来实现共享。人脉有两个根本特质，一个是“互动”，一个是“互利”。在归纳自己的价值并积极传播的同时，我们也要学会发现周围每个人的价值，并传播到更大的范围中去。这样，我们的人脉网络才会像互联网一样发达。

张志远是一家大型保险企业的推销员，在短短五年的时间里，张志远从一个无名小卒，跻身为保险销售行业的领军人物，他在这五年时间里创造了价值上亿的销售业绩。或许人们在感叹张志远成功的同时，又会迫切地想知道张志远成功的秘诀。

事实上，张志远与他同等层次的推销员相比，无论是聪明程度，还是能力都不是顶级的，而他能够创造如此巨大的成就，得益于他丰厚的人脉资源。在日常生活中，张志远总是能够主动与他人分享自己的人脉，将自己的客户介绍给他人，又从其他人那里得到潜在客户。在张志远看来，只有让大家一起享受利益，机会才能不断降临到自己身上。

张志远一直都是这样做的。例如，他时常将自己的保险客户向朋友介绍。一位购买张志远所推销保险的客户，从事的是广告设计的工作，刚好张志远的一位好友他们公司需要为新生产出来的产品进行广告设计，于是，张志远便将自己的客户介绍给好友。因为张志远这层关系，好友便将新产品的广告设计交给那位客户去做，那次合作令双方都十分满意。

当好友的客户有购买保险的意向时，对方也会毫不犹豫地将自己的客户介绍给张志远。也正是通过这种方式，张志远获得了很多客户资源，更是因为如此，张志远在短短的五年时间里，不仅成功开发了大量的客户资源，还创造出了保险销售界的奇迹。

倘若你有一个非常好的人脉网，我也有一个非常好的人脉网，我们互相交换，那么，你有两个人脉网，我也有两个人脉网。因此，扩展人脉最有效的方法就是与你的朋友一起分享和交换人脉资源。拓展高价值人脉资源的最有效方法，就是和他人交换高价值人脉资源。不要害怕自己的高价值人脉资源被别人抢走，因为人脉是一种越分享就越多的东西。

那么，在分享人脉的过程中，你需要注意点什么呢？

1.多给他人点恩惠

俗话说“成大事者，必先学会做人”，而所谓的“学会做人”，就是学会积累人脉关系。若能一直秉持着先对别人施恩或先为别人打开方便之门，为别人提供人脉资源的信念，那你就能左右逢源，你的人脉线路网也会更加完善。

2.遭到拒绝，不要气馁

在与朋友分享人脉资源时，有时会遭到别人的拒绝，对此，你万不可气馁，如果是因为自己的人脉资源无法对对方起到帮助作用的话，你应另辟路径，从其他方面帮助朋友，善于把握机会，也就是说，抓住一切能与朋友分享人脉资源的机会。

3.分享也是有底线的

在与人分享的过程中，你要留心的是谁有兴趣去认识其他更多的人。不过有一点必须要提醒你，那就是无论你与什么人进行分享，都绝对不能让他们拥有你的完整的人脉网络清单。因为如果你随随便便就把自己的全部人脉网络名单分享给对方，那么你很可能就会被无情地踢开，未免有些得不偿失了。

4.多参加朋友的一些聚会

假如你认识一个人，但你不一定认识他的朋友。如果那个人说，带你一起出去玩，到时候可能会遇到很多你不认识的人。当你到了聚会的地方，你就会认识一些来自五湖四海本不相交的人。

5.为人大气，不小气

越是小气，你的朋友就会越少；越是小气，你的能力越有限。朋友们，大度一点，学会分享，相信你收获的不仅仅是交换的那一份资源。比如，老板给了我们一个“肥差”，我们想自己独自霸占，那就极易招人眼红，我们可以学会与其他人分享，当他有利益的时候，相信也不会忘了你。

社交心理策略

如果有人请你帮忙，但你自己做不到的时候，可以想想自己的人脉中是否有人能够做成此事，然后主动告诉他你可以找人帮他的忙。不要因为怕麻烦，而轻易回绝别人的请求，如果这次你帮上了忙，这会是你们建立进一步交往的契机，以后关系会越来越亲密。

第15章　修复关系，悦纳他人不为裂痕嫌隙烦忧

在人生之中人与人之间发生矛盾、冲突和不快是在所难免的，但是你可以运用开阔的心胸，去宽容他人；你可以真诚地道歉，去感动他人；你还可以运用幽默，去化解一切的尴尬……因此，只要你以一颗善良、真诚的心灵，去追求和呵护一份友谊，你就能够得到别人友情的回报，真诚的帮助和尊敬，为你的人生之路铺就成功的桥梁。朋友们，面对嫌隙，请及时沟通吧，你的主动修复定会让你之后的生活越来越幸福。

矛盾不用怕，幽默来帮你化解

幽默在日常生活中起着点缀、调和、调节的作用。幽默不仅能为你赢得广阔的人脉，助你摆脱尴尬与窘迫，更能像润滑剂一样，降低人际交往中的“摩擦系数”，化解冲突和矛盾，使人们从容地摆脱沟通中可能遇到的困境。

婆媳矛盾恐怕是每个结婚的男人都要面对的问题，而唐明现在就是婆媳矛盾的受害者。 自从结婚之后，无论大事小事，老妈和莉莉之间似乎永远都无法达成和谐，总是矛盾不断，而且她们还特别喜欢找唐明来评理，论出个谁对谁错，而唐明每次“秉公断案”，无论说谁错，最后都没有好下场。如果说老妈错，会被说“娶了媳妇忘了娘”；如果说莉莉错，会更悲惨，很可能自己就要打地铺了。

渐渐地，唐明悟出一个道理，那就是要想化解老妈和莉莉之间的婆媳矛盾，靠“秉公断案”是行不通的。于是，唐明决定改变策略。

有一次吃完早饭，唐明的老妈发现前一天晚上的饭碗还没有洗，非常生气，于是，不问缘由就大骂莉莉是个“懒婆娘”，而莉莉也不甘示弱，大声嚷

嚷着婆婆“蛮横无理，没电人情味”。最后，她们俩拉过唐明来“断案”，让他说句公道话，分清谁对谁错。

唐明知道自己的媳妇莉莉是个大迷糊，做事经常丢三落四，但是还算是个勤快的人，而这两天，因为要照料生病的儿子，忘记了洗碗也是情有可原。唐明本来想替莉莉解释几句，又担心老妈说他偏袒莉莉。他想了想，便说：“都没错，都说得对！”

老妈一听这话更加生气：“你这孩子是怎么回事，简直一点分辨是非的能力都没有！不洗碗，现在吃饭连个干净的碗都没有，到底是你老妈我的错，还是你媳妇莉莉的错？”

“老妈呀，真的，你们都是对的，都没错，错都在我一个人！”唐明假装严肃地说。

莉莉接着说道：“老公，你糊涂了吧？你有什么错？对，我没洗碗是不对，但是咱妈不问缘由就开始骂我，难道她就没错了？再说，这事情跟你没关系，你少来这套。”

唐明不等老妈和媳妇再说什么就接着说道：“肯定是我的错！因为我买的碗太少了，你一顿饭没洗，就没有碗用了，所以妈才和你吵起来。如果我多买几百上千个碗，别说一顿没洗，就是十天半个月不洗，大家也有干净的碗吃饭，你们俩就不会为这事大吵大闹了。所以说，全是因为我买少了碗，这还不是我的错吗？”

老妈和莉莉一听，不但不再争吵，还相视一笑。顿时，婆媳间即将爆发的一场“战争”烟消云散。

幽默是一个人内在气质的表现，这完全胜过外表的美。无论何人，只要充分运用自己的睿智，随机应变，用幽默的言辞以缓和窘境，这就是一种成功。它能化冲突为喜悦，变危机为幸运，即使在充满火药味的场合，也可以成为最佳的缓和剂，帮助你摆脱困境。

幽默是有技巧的，不是随意的开玩笑，也不是打趣。做到幽默化解矛盾，你需要具备以下几点：

1.适当地自嘲一番

如果在公共场合出现矛盾的情况，这时你就应该学会自嘲，化解小矛盾。沟通是一门艺术，而很多人在使用的时候却总是不得要领。因此，要想在生活中学会幽默，就需要经常和幽默的人打交道。掌握幽默的技巧才能掌握这门艺术。

2.加强自身修养

沟通交流中的矛盾，有些是因自身缺乏修养，待人虚伪所引起。例如有的人说话不雅、唾沫四溅，一旦影响他人且被双方所知觉，就会使双方感到厌恶。其实，这些场面是可以避免的，只因自己修养较差，不拘小节，待人不够真诚，所以使自己频频陷入矛盾境地。

3.突破常规思想

运用这种幽默技巧必须突破常规思维，出奇制胜地将对方引入你的圈套中。对方则是按照正常的思维去推理，根据你的设计，对方最后必然进入你设的语言圈套中。

4.内容切忌粗俗不堪

在使用这一手法时，要坚持文明表达、以理服人的原则，格调高尚文雅，内容纯净正派，要以德胜人、以理服人，切忌粗俗低级。虽然不堪的语言有可能一时因口舌之利占到上风，但泼妇骂街式的所谓“幽默”是令人不齿的，十分不可取。

社交心理策略

幽默可以化解朋友之间的误会。在与朋友交往的过程中，也会出现相互的尴尬，甚至是相互不快的情况。如果任其发展，朋友之间的友谊会遭到不必要的打击。这种时候，如果适时地来点幽默，就会很容易地让朋友间的误会与尴尬烟消云散。

错了，那就真诚地说一句“对不起”

俗话说：“人非圣贤，谁能无过。”错误并不可怕，关键是一旦发现自己的言语伤害到他人的时候，千万不要厚着脸皮不肯道歉，而要勇敢地立刻承认错误。只有敢于为自己错误的言行承担责任，向他人真诚地道歉，我们才能赢得他人的信任，与之建立良好的人际关系。

战国时，赵国有个足智多谋的大夫蔺相如，还有个英勇善战的将军廉颇。有一年，秦王邀请赵王到渑池相会。酒宴上，秦王请赵王弹瑟。赵王弹了一曲。

作陪的蔺相如心想，必须为赵王争回面子，于是捧起一个瓦缸，走到秦王面前说：“大王擅长秦乐，请大王一击，以相娱乐。”在蔺相如的强逼下，秦王勉强在瓦缸上击了一下。秦国的大臣气得大叫：“请赵国割让出十五座城作为向秦王的献礼！”蔺相如也高喊：“请秦国把首都咸阳作为向赵王的献礼！”秦国始终没能占到半点便宜。事后，赵王封蔺相如为上大夫。

廉颇很不服气，他对人说：“我出生人死，立了许多战功，而蔺相如只凭三寸不烂之舌，就官居我之上。倘若给我遇见，我一定要当面羞辱他。”蔺相如听说以后处处忍让，上朝的日子故意装病在家，以免与廉颇引起争执。

有一天，蔺相如出门，远远看见廉颇的马车迎面驶来，他吩咐仆人把车子调转方向，避开廉颇。身边的人都说他太胆小了，蔺相如一笑，问大家：“你们看廉将军与秦王哪个厉害？”大家异口同声地说：“那当然是秦王厉害啦。”蔺相如又道：“我敢在秦国当众呵斥秦王，又怎会偏偏怕廉将军呢？只是我想到，强秦不敢侵赵，是因为有我们两个人在，我们两人要是争斗起来，敌人就要来钻空子。我不能忘掉国家的安危啊！”

这些话传到廉颇的耳朵里，廉颇很惭愧，于是光着脊背，背着荆条，到蔺相如府上请罪。

道歉，即是向对方致歉的一种礼仪。在日常生活中，因自己的言行失误而打扰、影响了别人，或者给别人造成了精神上的伤害或物质上的损失时，都应主动向对方道歉，这样才能显出你的内在涵养来。

有时候道歉并不像我们想象的那么容易，尤其是在知道自己错了以后。正因为清楚责任都在自己，所以承认错误的行动才会让我们满心羞愧，无地自容。说一句“我错了”，真的是需要很大的勇气。

1.调整好自己的状态

你错了，那如何与朋友沟通？如果你决定向朋友道歉，首先调节好自己的情绪，然后和你朋友联系，最好面对面地道歉。道歉时，保证你有好的情绪，用你最真诚的态度，不要听上去假心假意，推脱责任。

2.诚心诚意地道歉

沟通增进感情，使友谊变得更为牢固。道歉要语气温和、坦诚直率、堂堂正正，而不要躲躲闪闪、羞羞答答，更不要夸大其词、奴颜婢膝，一味地往自己脸上抹黑。那样，别人不仅不会接受你的道歉，甚至会觉得你很虚伪。

3. 不必找客观原因

认错、道歉要真心实意，不必找客观原因做过多的辩解。就算确实有非解释不可的客观原因，也须在诚恳的道歉之后再略为解释，而不宜一开口就辩解不休。否则，这种道歉，不但不利于弥补裂痕，反而会扩大裂痕、加深隔阂。

4.巧妙选择道歉方式

如果你觉得道歉的话语一时说不出口，那么不妨想点其他办法，让对方知道你有悔过的诚意。比如托人送件小礼物，间接帮助对方解决某些困难，或者写封信、打个电话等。

社交心理策略

孔子说：“过而不改，是谓过矣。”这是孔子对于过错的看法。一个人有过错不要紧，只要能改过就好了，如果有过错而不肯改，这就是大过，真正的过错。有些人犯了错，却不肯承认，因为他怕因此而失了面子。如果他能够消除傲慢的习气，就会生出悔过自新的勇气来。

及时化解矛盾，打开彼此的心结

林沫沫性格比较倔强，她是一个永远不服输的人。在大学时期，她与同班同学梁晴玩得很不错，彼此都把对方当成了最好的朋友。

可就在大三下学期，梁晴突然身体不适，到医院诊断出来竟然是白血病。作为朋友的林沫沫内心感触良多，她尽可能地帮助朋友，照顾朋友，将平时通过兼职辛苦挣来的钱给梁晴买营养品。梁晴看着这些东西，也是感动得说不出来话。想到自己的病情，梁晴心情忽好忽坏，有时甚至会对着林沫沫说一些莫名其妙的话。

林沫沫这个人心思比较敏感，这天梁晴莫名地说了一些话：“你不要来看我了！也不要对我这样好！我受不起！”林沫沫生气了，一气之下真的不愿搭理梁晴了。那几天，林沫沫天天都在回忆自己顶着大太阳的天气去医院看望梁晴的情景，她觉得自己做得已经够好了，但梁晴却还这样说自己。委屈之下，她竟然哭了起来，擦干了眼泪之后，林沫沫觉得太不值得了，不要这个朋友也罢。

就这样，两人渐行渐远，都不愿意主动找对方说话。直至大学毕业后，梁晴病发又住医院，在生病垂危的日子里，她想到了那位总是担心自己的好朋友。于是，她用颤动的手拨通了朋友的电话，用很微弱的声音说：“我知道你对我好，当时我只是情绪很差，我觉得拖累了你，所以才这样……”可话还没说完，梁晴已经永远停止了呼吸，只剩下林沫沫在电话那边无助地啜泣。

人与人在一起肯定会出矛盾，但是矛盾搁置久了，两人的关系就会变得冷漠，所以如果你与朋友出现问题，那就及时打开心结吧！否则，当你在以后的日子里后悔的时候，即便你想与对方联系，恐怕也不知道如何开口了，即便开口，你们的关系还能像以前一样吗？所以说，别让自己留下遗憾，小打小闹，请及时解决吧。

办公室里有位陈大姐，今年四十多岁，职场经验丰富，办事沉稳干练，深受大家的尊敬。小孟刚来办公室不久，是个青春靓丽的女孩子，性格开朗，热情活泼，也颇得大家的喜欢。刚开始时，办公室里大家相互尊重，氛围很好。然而过了一段时间，问题却出现了：陈大姐与小孟之间产生了间隙。

原来，小孟年轻，爱梳妆打扮，所以每天早上来到公司后，都会先在办公室的镜子前补补妆、擦擦脸。

陈大姐很是看不惯这种行为，认为她是在故意卖弄自己的年轻资本，于是常对小孟说些不冷不热的话。小孟也是心高气傲，不甘心受委屈，所以每次都与陈大姐针锋相对。久而久之，两个人的关系变得越发紧张起来。老板没有办法，只好从陈大姐和小孟之间留下一个人，将另一个人“炒掉”。最终，老板把经验和资历更胜一筹的陈大姐留了下来，而把新人小孟解雇了。

同事之间一旦有了矛盾，正面冲突不是好办法，应当及时化解矛盾方为上策，如果你是错误的一方就应当勇于承认自己的错误，不要担心承认自己的错误别人就会看不起你，其实，真正有能力的人都是勇于正视自己的错误的，这样的人也更让人尊重。

1.先懂得自我反省

你们之间会产生矛盾，肯定双方都有责任。所以，你要先审视一下自己，看看自己是否存在不当之处。如果有，应尽早改之，并找到症结所在，向对方解释清楚；如果没有，也不要怪罪对方，而应该想办法和谐地把问题处理掉。

2.及时求助“中间人”

如果可能的话，不妨以向你透露信息或是双方都能接受的人为“中间人”，通过他代为传话，以化解矛盾，把自己的想法和事实告知对方，起到澄清事实真相、消除误会、沟通了解的作用。

3.及时沟通，朋友没有隔夜仇

正视朋友间的矛盾，并及时化解矛盾。朋友间出了问题，一定要采取主动的态度，及时地进行沟通，取得彼此的理解，这样才不会造成彼此的误解，不会造成朋友关系的破裂。很多话，说开了就没事了，不断的积累只会造成长久的怨恨。

社交心理策略　在工作中遇到人际问题时，在最佳时间段适时地伸出你友好的双手，或者哪怕是一个善意宽容的眼神都会让对方体会到你的理解和宽容。如果问题是出在自己身上，就要主动向对方道歉。说到底，为自己赢得一个愉悦的工作空间是每一个人的愿望。

求同存异，容下生活中的不同点

有一次，唐太宗李世民与吏部尚书唐俭下棋。唐俭是个直性子的人，平时不善逢迎，又好逞强，与皇帝下棋时使出了自己的浑身解数，把唐太宗打了个落花流水。唐太宗心中大怒，想起他平时种种不敬，更是无法抑制心中的怒气，于是立即下令贬唐俭为潭州刺史。即便如此，唐太宗还觉得不解恨，又找来尉迟恭，让他去唐俭家一次，听唐俭是否对自己的处理有怨言，若有，就以此定他的死罪。

尉迟恭听后，觉得太宗这种张网杀人的做法太过分，所以当第二天太宗召问他唐俭的情况时，尉迟恭不肯回答，反而说："请陛下好好考虑考虑这件事，到底该怎样处理。"唐太宗气极了，转身就走。尉迟恭见了，也只好退下。

唐太宗回去后，冷静下来自觉无理，为了挽回面子，他大开宴会，召三品官入席，自己则主宴并宣布道："今天请大家来，是为了表彰尉迟恭的品行。由于尉迟恭的劝谏，唐俭得以免死，我也由此免了枉杀的罪名，尉迟恭自己也免去了说假话冤屈人的罪过，得到了忠直的荣誉。尉迟恭得绸缎千匹之赐。"

人的性格、特长各有差异，在处理人际关系中不能强求一致。人与人要和谐相处，就要有求同存异、相互谅解、不求全责备的宽广胸怀。我们自身都不完美，又怎能苛求他人完美呢？在人际交往中，我们对他人的要求不能过分，不要强求于人，能容人处且容人。只有这样我们才能与他人保持一种和谐、持久的关系。

谭佳佳和林小夕同住一间宿舍，两个人是形影不离的好朋友。谭佳佳性格沉稳，做事细心；林小夕忘性大，上课忘带笔记本，衣服晾出去忘了收进来都是常有的事。有一次林小夕缝衣服把针丢在床上忘了找，还被扎了一下。谭佳佳非常关心林小夕，认为她得改掉忘性大的毛病，否则大学毕业进入社会，在工作上不知要出多大的错误。

谭佳佳告诉林小夕放东西要各有各的位置，做事要有条理等。总之，相当于替林小夕制定了一个行为指南。开始，林小夕积极性挺高，但忘性大的毛病犯了时，她又什么都不记得了。谭佳佳不厌其烦地劝她，忘了就提醒她，见她错了就毫不客气地指出来，让她下次记住。时间长了，谭佳佳没烦，林小夕烦了。谁愿意被复制成另一个人呢?

谭佳佳希望林小夕变得和自己一样，做事细心、有条理。但林小夕就是林小夕，不是谭佳佳，她的做事方式、脾气性格不可能和谭佳佳变得相同。林小夕忘性大，并没妨碍两人的友谊，反倒是谭佳佳的一片好心招来了林小夕的不快。

相信上面的情况，很多朋友都亲身经历过。朋友之间相处必须求同存异、尊重彼此的想法，这是保持友谊长青的法宝。对同一个人来说双手都不完全一样，更别说两个人会完全相同了。所以，与朋友相交，求大同、存小异是符合人性法则的。

正常情况下，我们往往喜欢把自己的观点强加于人，总是觉得自己的想法比别人的更高明，“征服欲”在交谈中不知不觉地膨胀起来，表现为不尊重对方的意见，非让对方认同自己的观点才罢休，这种想法不但错误而且有害。那么，我们该如何克制这种行为呢?

1. 有容德乃大

人的交往贵在与人为善，宽以待人。这样，人与人之间才能互悦，进而悦人。可以说，宽容是一个人道德水平高的表现。所谓“有容德乃大”，这不仅说明一个人豁达大度，胸怀宽阔，而且是一个人具有兼容并包的智慧的表现。

2.适当条件下妥协

对不同意见不能听而不闻、漠然置之，更不能压制，而应当允许发表、允许保留，并给予应有的尊重。在不失原则、无碍大局的前提下尽可能予以兼顾。在某种意义上说，社交需要一定意义上的妥协，妥协不是软弱无能的表现，而是为达到共赢的一种智慧体现。

3.别总是抓着别人的缺点

谁都有优缺点，包括你自己，所以没必要总是带着有色眼镜看人，这样做实则很令人反感。朋友们，辩证的看待事情是每一个人必须拥有的处事态度，如果你的心态有所偏狭，那你还怎样与人相处呢？

4.看淡问题，减少争辩

不要期望所有人的观点都与你相同，更不要与人争辩。佛祖释迦牟尼说：“恨不能阻止恨，只有爱能阻止恨。”争强好辩，永远不能消除彼此的分歧，相反，它只会激化矛盾。通过真诚和宽容来消除分歧与误会，才能使得交往者之间的关系很快融洽。

社交心理策略

在日常的生活和工作中，我们也该本着“求同存异”的原则与他人相处。寻找人与人之间的共同点往往是我们打造良好人际关系的开始，也是求同存异的前提条件。在共同点的基础之上相互尊重对方的差异性，只有这样才能与对方进行合作，并且最终取得双赢的局面。

第四篇

职　场

第16章 职场心机，百试百灵的实用心理小技巧

职场交际是每一个职场人士终身都无法逃避的一个课题，而一旦它被我们运用得恰到好处，就会变成事业的助推器、催化剂。朋友们，职场是一个秀场，每个人在里面秀人生；职场也是战场，没有硝烟的战斗随时进行着。一个人要想在职场中如鱼得水，必须善于精心经营自己的职场人际关系，懂得一些职场的交际技巧，这样才能在职场中将你的价值发挥到极致，活出精彩的自己。

表扬下属，让关系更进一步

表扬，是一种语言艺术，在展示领导魅力、和谐组织人际关系中有着独特的功能。当领导恰当地表扬下属的时候，既展示了领导干部自身的善良、真诚和高尚，也给予了下属最珍贵的礼物——自信。而在下属接受这一礼物后，表扬就会成为滋润下属成长的雨露阳光。

徐开阳是一名工程师，前不久他升任为工程部经理，然而由于他不善言辞，又长期和工程打交道，养成了沉默寡言的个性，工程部的下属都觉得他是一个不好接近的领导，对他开始敬而远之了。徐开阳为此很烦恼，于是他请教了自己的好朋友——公司人事部经理于哥。

于哥耐心地听了徐开阳的话，笑着说："其实，开阳啊，要想拉近和下属的关系就要学会适时适当的表扬他。比如，你的下属跟你汇报工作之后，你觉得他做得很好，那么你就要当着其他同事的面对他说'你的工作很出色，我对你的工作很满意'，或者'你的工作计划做得很好'这一类的赞美话。时间一长，大家就不会觉得你难以接近了。"

徐开阳接受了于哥的意见，开始学习表扬下属。逐渐地，他还学会了在公

司之外说表扬的话。有一次星期天休息，徐开阳在公园里遇到了公司里的下属带着女儿在散步，徐开阳和他闲聊了几句之后，还和他的女儿说了几句话，并且夸奖他的女儿很乖很漂亮。

没想到第二天上班的时候，这个以前对徐开阳敬而远之的下属不仅主动和他打招呼，而且还主动将自己的工作计划拿到徐开阳那里请教他。徐开阳非常高兴，因为他学习赞美下属的行为，获得了一次很重要的肯定。

赞美、表扬下属是一笔不花钱的投资，领导者只需片刻思索，找到别人的优点就能得到想不到的回报，赞美员工也是管理者与员工沟通情感、表示理解支持的最好方式，更是一种有效的推动力量，是鼓舞员工士气、激励员工进取的有效手段。

人人都喜欢受人称赞，员工当然也不例外。不可否认，有很多领导者，他们的心态就没有端正，认为员工是自己的手下，在手下面前要耍威风是天经地义的事情，要让他们来赞美下属比登天还难。所以说，学会赞美下属是一门艺术。

学会表扬下属的一点点进步，这是一种交际策略，也是一种职场智慧，做到这点，真的很重要。

1. 少说我、多说你

少说我、多说你的表扬原则，主要是指要使对方始终成为你们谈话的重心，你可通过表示欣赏、求教等方式来显示你对对方的由衷赞叹。你要善于分享他的欢乐，肯定他的成功，为他所骄傲的事情喝彩。总之，你要使他得到在别人那里得不到或未被满足的某种心理需求。

2.不要言过其实

领导在众人面前过分表扬某个下属，会使被表扬的人感到不安，其余的人产生妒忌，你的称赞越多、越重，他们的妒忌就会越强烈。如果你的表扬有些言过其实，会使他们鄙夷你，甚至怀疑你的表扬是否别有用心。

3.用心去交谈

每个人都知道，真诚的话最能打动人，所以要想让表扬下属的话起到作用，领导就要以真诚的语言来赞美下属，避免用空洞、刻板的公式化的夸奖，或不带任何感情的机械性话语，否则赞美不但起不到作用，还很可能会弄巧成拙。

4. 表扬要有内涵

表扬要有内涵，这一点非常重要。也就是说，要表扬到点儿上，要让被表扬的下属和其他员工心服口服。如果领导的表扬成了没有营养的快餐，久而久之，下属也会觉得无味，甚至难以下下咽。

5.表扬和批评要分别对待

领导对员工的表扬一般很像工作总结，先表扬，然后是“但是”“可是”一类的转折词。这样的“辩证”“全面”很可能使原有的夸奖失去了作用。明智的领导应当将表扬、批评分开来说，表扬就是表扬，对于不足，事后寻找合适的机会再批评效果会更好。

6.多赞扬下属的才华

希腊有句谚语：“使人幸福的不是体力，也不是金钱，而是正义和多才。”才能，是一个人区别于他人的最明显的标志，是他幸福的源泉之一。我们表扬一个人，就要深深地打动他，而最能打动他人的表扬，莫过于对其才能的认可和高度评价。

社交心理策略

作为管理者，对员工表扬、赞美是团队积极工作所必须的，但夸奖恭维员工并不是轻而易举的事，必须要把握一个度。因为高帽子尽管好，可尺寸也得合乎规格才行，给别人戴过重的高帽是不明智的。被恭维的人发现你言过其实时，他会感到自己受到了愚弄和讽刺。

培养和所有人打成一片的性格

也许由于自小生长在农村的缘故，早年的阿凯是一个经常被抑郁笼罩的人，总有一些自卑感，时常悲观、烦躁、焦急、忧虑、敏感。有时别人一个无意的玩笑，也让他感到伤心，认为别人在伤害自己。

因为这样的性格，阿凯不愿主动与人交往，对别人的热情也爱理不理，整日里耷拉着头，一脸寒霜，许多时候得罪了别人还浑然不知。渐渐地，关心他的人越来越少，工作中，没有人主动支持、配合他，他成了“孤家寡人”，自己也很苦恼。

促使阿凯性格改变的是他的一位朋友李雷。

李雷告诉阿凯：“抑郁就像不停地往下滴的水，会越积越多，它使人心情沮丧，形成与人交往的最大障碍，影响一个人事业的成功。”

李雷在阿凯书桌的玻璃板底下压上了这样一句话：“用铁门把过去和未来割断，生活在与过去的日子完全隔绝的今日里。”

此外，李雷为了使阿凯摆脱抑郁，给了他几本帮他改变的书籍。读这些书使他不再为过去的每一个过失而懊悔，不再为每一个失之交臂的机遇而遗憾，不再为捉摸不定的明天而幻想，他开始认真地面对与同事相处的每一天。在那之后，阿凯注意在生活中尊重同事、诚实待人、关心同事，乐于在同事需要的时候伸出援助之手，在工作中谦虚、谨慎，与同事相互支持和配合。渐渐地，同事们也改变了对阿凯的态度。阿凯与同事们终于打成一片，抑郁也离阿凯远去，笑容终于出现在阿凯的脸上。

有的人喜欢独处，这是个人性格的问题，本身并无对与不对之说。然而，在职场上要想获得好的人缘，和同事“相忘于江湖”是不可能的。所以，面对你的同事，只要你丢掉羞怯、孤傲、清高的姿态，积极地靠近他们，多与他们交流互动，相信你很快就与他们打成一片，获得极佳的同事关系。

职场中一定不能将自己置身于集体之外。当一个人总是独来独往，无视他人的看法时，无形中也冷落了自己。学会热情主动地与他人交流，学会与他人分享和合作，自己也就会获得他人的帮助，获得好的人缘。从下列几方面做起，会让你变得更合群。

1.对待工作，积极一点

作为一个职场新人，面对工作一定要主动。应该自己做的，不要等别人吩咐。能够帮忙的，及时伸出援手。当然，积极主动的同时也要注意拿捏好态度和分寸，不要让人觉得我们是在出风头。同时，积极主动最关键的是能够持之以恒，先热后冷倒不如一开始就本色表现。

2.多请求同事的帮助

寻求援助的好处有两个：一方面，你可以把自己的问题解决掉；另一方面，如果你不向别人求援，别人就会误认为你是一个怕麻烦的人，以后别人一旦有事自然就不会向你求援了。因此，若你遇到困难，应该向同事求援，这样反而能表明你对同事的信赖，从而能进一步融洽与同事的关系，加深与同事之间的感情。

3.为人着想，不自我封闭

要与同事打成一片，就要学会从他人的角度来考虑问题，善于作出适当的自我牺牲。还表现在当他人遭到困难、挫折时，伸出援助之手，给予帮助。比如，同事感冒了你体贴地递上药丸，路过咖啡店顺道给同事买下午茶。这些都是举手之劳，何乐而不为?

4. 低调，正确对待自己的以往业绩

谦卑和知识渊博的人，往往低调；自大和粗浅的人，最喜招摇。前者眼光长远，虚怀若谷，总会让人敬仰；后者看不到长远之利，经常会为一点眼前成就手舞足蹈，怎能不成为众矢之的呢？我们要学会低调生活工作，尤其当我们还只是职场新人时。

5. 培养自己多方面的兴趣

要做到与同事打成一片，增强同事之间的感情，培养自己多方面的兴趣，以爱好结交朋友，也是一种好办法。另外，相互交流一些信息、切磋一下自己的体会，这样都可以让自己的人际关系更加融洽。

6.有些“小秘密”，可以共享

隐私也不是不能说，只要这些隐私不伤大雅，往往能拉近你和同事的距离。你什么也不说，什么也不让人知道，人家怎么信任你？要知道，信任是建立在相互了解的基础之上的。所以说，为了彼此之间的距离更近一点，那就说些好玩的或者是没有必要隐藏的“小秘密”吧！

7.说话有分寸，别做惹人嫌的事

同事交往中，免不了要发些牢骚，说些闲话，或牵扯到某甲某乙的是是非非。此时，作为新人千万不要介入，更不要为讨好甲或乙而将这些话语传递给他们。最好的做法是借故走开，耳不听为净。“是非只因多开口”，说人闲话、打人小报告历来被人所不齿。

社交心理策略

如果办公室的氛围很好，即使工作有时不是很顺利，大家也能相互理解，相互信任，彼此聊得很开心，相互帮助渡过一个个的难关，还能相互学习好多东西。

会灵活做人，才能人见人爱

会做人，不是技巧，更不是手段，而是品德，是正直、善良、宽容、负责的品德，这才是做人的基础。没有这样的基础，任何做人的权谋、技巧、手段，都不可能使你真正成为一个受欢迎、能成功的人。所以，修炼自己的人品，才是成为一名职场高手真正的秘诀所在。

李刚是一名英语老师，来到现在的学校虽然时间不长，但是他很快成为了一名人见人爱的好老师、好同事。为何呢？我们就拿他教学中的例子来说吧！

王亮亮是班上的一名男生，他的英语成绩非常不好，每一次他交的作业在老师发还的时候上面总是布满了鲜红色的批改和叉号。但是有一回王亮亮的英语老师李刚来到王亮亮的面前，拿起了王亮亮正在写的作业本，却没有批评王亮亮这里没写对、那里算错了，而是面露微笑地对王亮亮说：“王亮亮同学，你写的字真不错，我每一次批改你的作业本的时候都有一种在看书法字帖的感觉，没事，加油吧！好好努力，你会提高的。”

王亮亮听了老师对于他的字迹的点评之后完全愣住了，但此时他内心中的狂喜是无法抑制的，因为这是他第一次受到来自英语老师的夸奖。从此以后，王亮亮写作业的时候更加认真，也异常地刻苦努力。但是他发觉那些红色的大叉非常破坏作业本上的和谐感，于是他下定决心，一定要把这些影响美观的叉叉改成华丽的对号。

此后，王亮亮的英语得到了突飞猛进的提升，这一切，只是源于李刚老师的真心赞美。赞美是一种极佳的语言技巧，它能鼓励对方，也能拉近彼此的距离，一个懂得赞美的人更受人喜爱！

如果你是一个懂得变通、善良朴实、待人真诚的人，就会人见人爱，花见花开，会赢得周围人的喜爱，与上级之间的关系更为协调，与同事的协作就会变得更加顺利，与下属之间的衔接也会更为和谐。气氛就会变得融洽，心情就会变好，工作效率也会大大提高。

虽说萝卜白菜各有所爱，但人们的看法和印象总还是有一些相似之处，例如，人们喜欢诚实、善良、礼貌、活泼的人……如果你能够将自己身上的优点加以发扬，而将缺点加以克服，终有一天你就会惊喜地发现，你的朋友多了，而对你抱有好感的人也会不断增加。

1.真诚对待同事

真诚的态度能唤起人们的信任，加深了解，增进友谊。虚情假意、装腔作势、夸夸其谈、外交辞令都会使人生厌，从而可能失去与对方交往的机会。所以，想要得到他人的认可，真诚待人是必须做到的，否则，当人看到你待人虚假的时候，对方是不愿交你这个朋友的。

2.注重自己的仪表

佛要金装，人要衣装。当你要出去应酬交友、求职面试、见一位陌生人、参加一个聚会的时候，你觉得这些人不太熟，相当害羞的话，这时你应注意修饰装扮得干净整洁一点，人家对你的印象、看法会好得多。一个仪表讲究的人，别人一看到你衣着干净整活就觉得你够分量。

3.让语言富有魅力

其实，一个富有魅力的人很大程度上是因为他们能够运用语言给他人提供精神方面的激励，从而让别人喜欢上他们的思维方式和表达方式。一个富有语言魅力的人，可以使别人从贫乏的思维和枯燥的语言中转变过来，从而产生愉快的心理体验。

4.会说“甜言蜜语”

“甜言蜜语”可以融化人与人之间的坚冰，当你慷慨地给予同事赞赏，许多事情就能像你所期望的那样发展下去了。如果朋友们记住并且这样做了，你或许摇身一变也能成为办公室里的“大红人”哦！

5.做一个有肚量的人

心胸开阔，宽容待人，能容人处且容人。不能得理不饶人，无理占三分，甚至浑身是刺儿乱扎人。正所谓“君子坦荡荡，小人长戚戚”，有容人之量的人在被人尊敬的同时也能显示出自己的魅力。

在工作中，往往有许多人掌握不好热忱和刻意表现之间的界限。不少人总把一腔热忱的行为演绎得像是故意装出来的，这些人学会的是表现自己，而不是真正的热忱。真正的热忱绝不会让同事以为你是在刻意表现自己，也不会让同事产生反感。

步步推进，巧用登门槛效应

在《战国策》中记载了这样一个史实：

齐国有个人叫冯谖，家里贫穷，不能解决温饱，便寄食到孟尝君门下。当时的孟尝君收留了许多有才能的门客。根据特长的不同，一般的门客饭食中有鱼，高一级的门客出行可以配车。冯谖初来乍到，孟尝君的仆人都没有太高看他。过了几天，冯谖就击剑而歌：“我们还是回去吧，吃的食物中都没有鱼！”仆人告知孟尝君后，孟尝君便答应了他的要求。又过了几天，冯谖又击剑高歌：“我们还是回去吧，出行的时候都没有车可以坐！”仆人又耐着性子转告了孟尝君，孟尝君想了想，又答应了他委婉的请求。所有人都以为这下该满意了，谁知过了几天，又击剑高歌：“我们还是回去吧，我不能养活自己的家！”仆人便生气地把孟尝君叫了过来，孟尝君问道：“你的家中还有什么人吗？”冯谖答道：“有年迈的母亲。”于是，孟尝君派人将其母亲接来，供给衣食，安排住宿。这下，冯谖再也不击剑高歌了。

冯谖也是巧妙地利用了登门槛效应，不是一步到位，而是将要求按照从低到高的顺序依次提出，步步为营，最终达到了自己的目的。当然，冯谖也并不只是一味索取，后来的事实也证明，冯谖的确是位人才，孟尝君地位的稳固，与他有着密不可分的关系。

登门槛效应，又被称为得寸进尺效应，是指当一个人先接受了一个小小的要求后，为保持其形象的一致性，他就极有可能接受更高一层次的要求。这就犹如人们登门槛时一样，只有一级台阶一级台阶地登，才能顺利地到达高处。

王艳艳在一家服装公司做销售有一段时间了，而且业绩一直很不错，连着三年销售量遥遥领先，公司领导非常器重她。同事们都称王艳艳眼尖，什么样的顾客买衣服，什么样的顾客不买衣服，王艳艳一眼就能看出来。对此，王艳艳总是笑而不语。

每当同事们追着王艳艳“取经”的时候，王艳艳总是笑着说：“其实每个人都有属于自己的方法，只要大家找到适合自己的，一切就好办多了。”

其实，王艳艳做销售还真没什么特别之处，只是她懂得把握顾客的心理，只要顾客对标签的价钱皱起眉头时，她总是说：“要不您先试试，试了才能感受到合适还是不合适，试完咱再决定要不要的问题。”

王艳艳一边说着，一边帮客户挑选衣服的颜色、款式。顾客把衣服穿上后，王艳艳总是不忘真诚地褒扬一番，并周到地为其服务。在这种情况下再劝其买下时，很多顾客往往是“骑虎难下”，只能买下衣服。

时间一久王艳艳发现，那些答应试衣服的顾客总是比那些不同意试衣服的顾客更容易买单。于是，王艳艳每次在劝说顾客买衣服前，她总是先劝说顾客试试看。

对于顾客来说，如果你直接让她去买你的产品，这就有点急功近利，如果你能像王艳艳一样，先鼓励她去试试看，然后再进行一番夸赞，到时候再提买衣服的事情，这样会更好一些，说不定对方会主动买下。其实，这种一步一步的建议方法就是巧妙运用的登门槛效应。

登门槛效应带给我们很多启示，如教育孩子时，父母不宜一下子对孩子提出过高的要求，而是从小要求逐步过渡到大要求，逐步推进。另外，在人际交往中，当我们要求他人做某件较大、较难的事情又担心他不愿意做时，可以先向他提出做一件类似的、较小的事情。巧妙的运用登门槛效应能让我们办事成功的可能性大大提升，在职场上大家一定好好运用这个“小心机”。

1.保持适度原则

登门槛效应是建立在人们想要在他人心中留下完美印象的基础之上的。如果我们提出的要求超过了他们的能力范围，他们也可能会拒绝我们的要求。适度原则是登门槛效应发挥作用的重要前提。

2.从极小的要求起步

一般，男生都是这样追求女孩子的：“这道题我不是很理解，你能帮帮我，给我讲解一下吗？”紧接着：“顺路，我送你回家吧！”就这样一步步“说服”对方成为自己的女朋友。由于是遵循了登门槛效应，在整个过程里，对方不会有不安的感觉。

3.把目标逐步分解

将大的目标分解，一步一步扎扎实实向前走。这就好比是在爬楼梯，如果想从一楼上到十楼，你就必须一步一个台阶地向上爬，如果你想一步登天，从一楼跳到十楼，往往会欲速则不达，跳得越高摔得也就越惨。

社交心理策略

日常生活中有这样一种现象，在你请求别人时，如果一开始就提出较高的要求，很容易遭到拒绝；而如果你先提出较低的要求，别人同意后再增加要求的份量，则更容易达到目标。登门槛效应告诉我们，先得寸再进尺，往往能实现目标。

第17章　小心陷阱，与人相处避开雷区护好自己

有些人也许在生活中是一个严谨的人，不会胡乱说一些不负责任的话，或者做一些不经大脑的事情，但是，一旦到了职场上，他们就像完全变了一个人似的，说一些过于放松的话，做一些过于愚蠢的事。或者加入到“长舌妇”的行列，或者爱打探同事的隐私，或者做一些不负责任的事情，或者轻易相信他人的话……殊不知，他所做的这些已在无形中给其埋下祸根。所以说，想要在职场中躲避雷区、保护好自己，那就谨言慎行，小心陷阱吧！

主动承认错误，以免自己孤立无援

斯罗福拉哥说：“风可以把蜡烛吹灭，也可以把篝火吹旺。”可见，如果我们企图遮掩已经犯过的错误，只会让事情变得更加糟糕。只有当我们主动去揭示它，面对它，才能从中汲取到成长的力量。其实，犯错并非是一件坏事，可怕的是你不肯去承认错误。主动承认错误是成熟的一种标志。正如戴尔·卡耐基所说：“若能抬起头承认自己的错误，那么错误也能有益于你。因为承认一桩错误，不仅能增加人们对你的尊敬，而且能够增加自信。”

陈刚是一家公司的财务人员，有一次他不小心给一位请过几天病假的员工李艳艳发了整月的工资。在他发现之后，就匆匆找到李艳艳，向她说明，求她悄悄退回多发的薪金，但遭到断然拒绝。

最后，实在是解释不清楚了，陈刚非常气愤，他对着李艳艳说：“我本来不想把事情闹大，我确实是有错，但是我也希望你能谅解，但是好说歹说你总是不依不饶，既然这样，我只能告诉经理了。我知道我如果坦白，经理会生气，但是所有的一切都是由于我的粗心引起的，我只能这样挽回错误了。”就

在李艳艳还没反应过来的时候，陈刚已大步走进了经理的办公室，把前因后果都告诉了经理，并请他原谅和处罚。

经理听后果然很生气，他说这怪人事，但是陈刚一再的解释是自己的错，经理于是又大声地指责会计部门，陈刚又解释说不怪他们，实在是他自己的错，接着经理又责怪起与陈刚同一个办公室的两个同事来，可陈刚还是固执地一再说是自己的错，并请求经理处罚。

鉴于陈刚极为坦诚的态度，经理也对他是非常理解的，最后，经理说："就这样吧，小陈，对于这件事，大家都免不了责任，但是却只有你能坦诚相待，虽说你有错，但是李艳艳的行为也是非常可气的！"因为这个错误并没给任何人带来麻烦，很轻易地纠正了，而且因为陈刚有勇气知错认错，不寻找任何借口推脱责任，因此，经理更加看重他了。

有一句谚语是这样提醒我们的："争斗永远无法使你得到满足，让步却会让你收获更多。"事实就是这样。你正确的时候，你可以尽量温和而机智地让别人赞赏你的观点；当你处于错误的境地，就应当诚恳及时承认自己的过失。如果你只是在一个过错中占据很小的一部分责任，那你也更应该主动担起你的责任，这样会让对方更为欣赏你。不要怀疑这种方法的效果，勇敢地承认错误吧，在对方还没开口之前，他就注定要被你折服！

一个优秀的职场人懂得在应该承担的时候站出来承认错误，负起责任，这样便会更容易赢得别人的理解甚至尊敬。在职场中，拥有良好的口碑和职业操守是最大的财富之一，它能使你永远立于不败之地。

1.多为他人考虑

如果我们多设身处地地为别人着想，勇于承认自己的错误，就会大事化小，小事化了，从而使人际关系更加和谐。有句话说："知错能改，善莫大焉。"一个人能不能成功，主要是看他在犯错误以后对待错误的态度，能不能主动承认错误，从错误中汲取教训，从而进步。

2.有一种自我批评的精神

自我批评是自我反思、自我归罪、自我总结和自我提升的过程。人无完人，孰能无过？所以，犯错误在所难免，也不可怕，可怕的是，我们不知道自己犯了错误，知道后不思悔改甚至一味地加以掩饰。犯了错误就要努力地去改正错误，我们自己应该正视而不是逃避。

3.做事要有担当

一个敢于承认错误的人更有担当。相比那些总是为自己的过错寻找借口的下属而言，主动向领导承认错误，会让领导看到另一个你。虽然有可能你的工作能力并不如其他人，但你主动、勇于承认错误这一点，将会给领导留下深刻的印象。

社交心理策略

在错误发生之后，如果我们能诚恳地致歉，主动说“对不起”，一般而言，我们是能够得到对方的谅解的。相反，假如我们发现自己错了，却不愿意道歉，甚至处处找借口为自己辩解，这样不仅得不到朋友的谅解，还会使自己处于孤立无援的境地。

不依赖他人，独立的你更优秀

在办公室里负责助理工作的谭小米想要辞职出国发展了。谭小米走了以后，大家忽然间成了无头的苍蝇。原来，谭小米之前在办公室里不仅要做正常的工作任务，还要做一些像电脑维护、打印文件、补充办公用品耗材等事情。长期以来，办公室的人就对谭小米产生了依赖心理，有什么事情直接手一挥就叫谭小米去做了。

谭小米离开后，这些“甩手掌柜”们开始显示出无能的状态了，文件不会打印，打印机不懂得换纸，连不上网络的时候不知道怎么解决，办公用品耗材没了不知道去哪里补充……

这个时候大家才突然发现，以前自己太依赖谭小米了。原本以为谭小米就是办公室里无关紧要的人，殊不知在日常的工作中，有很多事情都是谭小米代替大家办成的，也就养成大家的惰性。这些小事，平常只要喊一声，谭小米就会帮大家来解决，从没想过是不是要自己动手去做，而不是依赖别人。

工作中，你发现依赖的影子了吗？许多人的“勤学勤问”貌似是一种十分积极的工作态度，能够赢取工作同僚以及公司前辈和上级的认同，给人留下勤奋上进的好印象。但凡事有度，过度必会适得其反。非但之前的形象毁于一旦，更甚者会影响今后的个人发展。

一个人在屋檐下躲雨，突然看见远处走来了一位撑着伞的禅师，因此，他大声喊道：“禅师！佛法讲求普度众生，你可以度我一程吗？”禅师说：“我走在雨里，你躲在屋檐下，我被雨包围着，而你藏身的屋檐下却根本没有雨，你又何需我度你呢？”

听到禅师这么说，那个人赶紧走出屋檐，站在雨里，说：“您看，我现在也在雨里了，如今，你可以度我了吧？”禅师还是说：“我依然不能度你！”那个人疑惑不解地问道：“刚才我在屋檐下你不度我，现在我在雨里，你为什么还是不度我呢？”禅师说：“此时此刻，咱们俩的处境是一样的，即都在雨中。唯一的区别在于我带伞了，而你没有带伞，所以我没有淋雨，而你却淋雨了。确切地说，我之所以没有淋雨，是因为伞度我，因此，我根本无法度你。假如你想找人度你，那么，你根本不必找我，正确的做法是找伞！”

虽然那个人被大雨淋得浑身都湿透了，但是直到最后，禅师也没有度他。

那人愤愤不平地说：“既然不愿意度我，就应该早点儿明说。绕了这么大一个圈子，是故意想让我淋雨吧。人们都说佛法讲求‘普度众生’，我看佛法是‘专度自己’！”

禅师听了，丝毫没有生气，而是平心静气地说：“想要不淋雨，出门的时候就要记得自己带伞。”

朋友们，想要在这个充满竞争、充满变幻的世界赢得自己的一席之地，就必须具备一定的自立独立能力。一味依靠别人，就会像是被猎人豢养起来的小狮子，一旦脱离了别人的照顾就会连基本的生存机会都失去，更别提去砥砺拼搏，迎接挑战了。

那么，在工作中我们该如何摆脱自己的依赖心理，不断做好自己呢？

1.找到依赖的出处

如果你已身患职场依赖症，症结却不在你这里，而在别人身上。那么，你要找到这些人是谁，有的放矢才可能消除阴影。一般来说，这些人包括：你的上司、同办公室的同事，以及经常帮助你的人。

2.养成独立自主的习惯

依赖别人就意味着把自己的命运放到别人手中。没有独立做前提，成功也许只是个假设。自立自强是成功者的必备条件，历史如此证明，现实生活也是这样。独立习惯的养成，对一个人的事业、未来、人生都有莫大的好处，所以若想成就事业，就要学会自立。

3.一定要做好自己

生活中，有人听父母的，听师长的，听朋友的，听恋人的，听老板或同事的，唯独不听自己的声音。他们总是被人安排着做自己不热爱的工作，过自己不想要的生活。这种人失去了自己，忘记了自己。想要活得更精彩、更有价值，此刻开始，做好自己，为自己安排吧！

4.从帮助他人中获得主动

职场中，你不仅应积极地向他人请教，同时也应尝试着去帮助他人。这样的行为可以让你获得自我价值平衡感，同时也能够让他人看到，你有自己的优势。这对于你摆脱“依赖者”的形象有着极大的帮助。

5.尽力完成自己的工作

除非你不愿意再做现在的工作，或者你已经不具备工作能力，你没有任何借口不完成自己的工作。当我们在工作中遇到能力之内的困难，当我们用种种借口来为自己的懒惰和依赖开脱的时候，拧自己一把，让依赖沉睡，独立完成自己的工作。

社交心理策略

依赖别人的后果：无法按时完成工作，推三阻四，习惯性抱怨，寻找种种借口为自己开脱，无法最大限度地满足工作需求，无法提供相应的工作服务，缺乏工作激情，总是推卸责任不懂得自我批评，指手画脚……总之一味地寻求依赖，只会危及到自己职业上的进步与成功。

远离长舌妇，以免被陷害

刚刚毕业的李娅初次来到上海，一切在她的眼里都是陌生的，但是又有着初次踏入社会的兴奋与激动。其实，对于一个小姑娘来说，漂泊他乡的日子是挺艰辛的，李娅每天的工作就是投简历、面试、投简历……终于一个月过去了，李娅找到了一份喜欢的工作。李娅很珍惜这次工作的机会，在单位里任劳任怨、尽职尽责。每天，她都主动提前半个小时到办公室打扫好卫生，把办公室整理得纤尘不染，甚至老板还在会议上表扬他们办公室是全公司的楷模。渐渐地，同事们都喜欢上了勤快的李娅。李娅不太爱说话，除了工作之外，每当有同事们找她交流，她也多以倾听为主，以微笑面对他们。所以，在这个蜚短流长的办公室里，没有任何关于李娅的负面新闻。

一段时间过去之后，公司又招进来一名新人，她叫韩思雨。这个韩思雨可不是一个省油的灯。韩思雨的性格和李娅截然相反，她每天都咋咋呼呼的，喜欢大呼小叫。职场人士都知道，休息室、茶水间和洗手间是办公室里流言的发散地。过了没多久，同事们就发现，只要是有人在闲谈的地方，就有韩思雨的身影。她不仅喜欢暴露自己的隐私，还喜欢打探别人的隐私，最关键的是她像一个高分贝的喇叭，不管什么事情，只要她知道了，几乎就相当于整个公司都知道了。有一次，李娅在洗手间和一个处得比较好的同事说一点儿私人的小秘密，结果，韩思雨突然进来了。虽然当时韩思雨没有说什么，但是当天下午，李娅和那个同事所说的话就传遍了整个公司。经历了这件事情，同事们都知道了韩思雨是个高分贝喇叭，自此，不管是女同事还是男同事，只要见到韩思雨就会绕着走。就这样，过了没两个月，韩思雨就没脸在公司待下去了，主动提出了辞职。

而李娅因为一直谨言慎行，所以同事们都很喜欢她，在公司开辟新部门的时候，同事们一致推选她为部门主管。自此，李娅的事业发展得越来越顺利。

职场中，像韩思雨这类的人可以说到处都是，他们就是典型的“长舌妇”。遇到这类人，我们应该敬而远之，巧妙地与之相处，否则你无心的一句话被他听到，他就会给你传遍大江南北。那些喜欢聚集在一起交头接耳说长论短的人，通常在开始的时候都是不经意地随口乱说，然后整件事在转述的过程中就好像发酵了一样愈来愈膨胀，最后演变成了不可收拾的局面。所以你千万不要在他们交头接耳议论纷纷的时候，也兴致勃勃地加入。千万别忽视了这七姑八婆的传闻，这可能是掀起大风波的起源。

一个人的闲言碎语会置人于死地，所以不要充当杀人恶魔的“长舌妇”，记住“勿以善小而不为，勿以恶小而为之”的古训。我们要自尊自爱，从提高自身的道德素质入手，自觉地抵制不良的风气，在很多的时候，需要你保持沉默，因为“祸从口出”，而“沉默是金”。

“长舌妇”的可怕大家都很明白，相信大家也都很厌恶，那么，我们该如何与这样的人相处呢?

1.说话一定看场合

请记住，说话要分场合。“公私分明”是一条在任何时候都适用的规则。在工作的场合里，不能乱说话，要说也只能说公事，莫谈私事。如果别人没兴趣听，只会令自己扫兴；别人若有兴趣，结果也可能会对自己更糟。

2.“长舌妇”前不发牢骚

事实上，完全不与“长舌妇”交往不太可能。只是，在交往的过程中一定要避免对他人的言语攻击，尤其别在女性的面前发牢骚。不论你所抱怨的对象和他有没有关系，你所说的话早晚会传到对方的耳朵里，而且会被传得完全走了样。所以说，说话一定要注意。尤其是在“长舌妇”面前，否则你就会被坑得很惨。

3.好奇害死猫

在“长舌妇”面前，你一定要减少自己的好奇心。要学会以平常之心对待自己遇到的各种小道消息，不要像从没有见过世面的人一样对什么都充满了好奇。如果能降低自己这方面的好奇心，那么对关于领导同事，邻里亲朋的小道消息也就没有了兴趣。

社交心理策略 一个高素质的员工必定是一个宽容的人。他不会在别人背后制造些蜚短流长，他明白谈论他人的隐私，只会在公司中给自己的工作制造麻烦和障碍。宽容大度才是工作中的润滑剂。宽待别人，也就是宽待自己。

同事可做盟友，但不能做死党

海月在广州的一家服装公司做销售。刚进公司不久，就和与自己同时进公司的倪妮打得火热。倪妮比海月大几个月，因为年纪相仿，又同是来自广西的老乡，加上同时进公司又都住在公司附近，两个人很快成为职场闺蜜。

海月单纯善良，很珍惜和倪妮的友情，两人常常一起吃饭，周末一起逛街。而且两人都有着相同的爱好：喝酒。爱喝酒的女孩大多性情豪爽，所以两人经常相约喝酒，每次喝酒时，都有着酒逢知己千杯少的感觉。总之相处非常愉快，两人无话不谈。这样，倪妮对海月的家务事清清楚楚，她听到海月妈妈在电话上唠叨，知道海月叫男朋友的昵称，连海月的生理周期她都晓得，两人常常形影不离。这一切让海月觉能交到这么贴心的朋友真好。然而，没过多久，海月便陷入谷底，对友情丧失了信心。年底，公司有一个评选年度优秀的政策。每个部门只有一个指标，拿到这个先进的人，可以获得2000元的奖金。

听到这个消息后，倪妮无意间和海月聊过：“你觉得我们部门谁有戏啊？我觉得可能是你呢，你的业绩做得这么好！”对于倪妮的问题，海月没有太在意，在她看来，这种奖励也无所谓的。但是没多久，海月听到一个消息：她竟然被人给举报了，大老板收到消息，海月经常打着外出拜访客户的幌子，在家里睡懒觉，而且好多报表都是虚假的等。听到这些后，海月头皮发麻。当然，这个事情不用问，她也知道是怎么回事，因为在家睡觉的事情，她只告诉过倪妮。而毫无疑问地，倪妮最终拿到了这个2000元年终奖。海月觉得寒心，自己的朋友为了2000元的奖金出卖了自己。事后，倪妮还装作什么事情都没有发生过一样，继续找海月喝酒，但海月不露声色地拒绝了。

看完上面的案例，我们应该明白，好同事不等于好朋友，你应该随时提醒自己这一点。同事关系好，就把你们的友谊留在八小时之内吧，下了班后还是不要侵入别人的私人空间为好。与同事建立起良好的友谊也要注意火候，太“热”了也不是一件好事。同事就是同事，在利益面前，友谊显得很渺小。表面上多好的两个人，一旦在单位涉及了利益，他第一个选择的就是踩你，因为相比之下，他最熟悉了解，掌握的最多的就是你。

那么，对待同事关系，我们到底该怎么把握好这个尺寸呢？

1.明白公司分明的道理

同事众多，总有一两个跟你特别投机，可能私底下成了好朋友。但不管你职位比他高或低，都不能因为关系好而进行偏护纵容。一个公私不分的人，是成不了大事的，更何况，上司对这类人最讨厌，认为这是不能信赖的人，所以你应该知道有所取舍。

2.同事之间少谈个人私事

孟子说过：“人有不为也，而后可以有为。”朋友之间，说人长短，制造是非之举理当不为。比较小气和好奇心重的人，聚在一起就难免说东家长，西家短。虽说偶尔加入他们一伙，胡乱批评或调笑一些单位以外的人的轶闻趣事，倒也无伤大雅。但是，对于同事的私人问题，我们还是保持沉默为妙，否则麻烦上身，后悔莫及。

3.减少金钱往来

俗语说：“如果你想破坏友谊，只要借钱给对方就行了！”金钱借来借去一定会发生问题。假如你连续三次找人借钱，就算你手头真紧，别人恐怕也不敢借给你了。遇到大家一起分摊费用时也是一样的，只要你连续三次说：“今天我没带钱来！”人家就一定不会再相信你了。

4.上下级之间距离要把握好

上下级间相处要把握好距离分寸。由于上下级间存在领导和服从等隶属关系，在相处时不可太亲近。若下级对上级太亲近，会有献媚之嫌，也会侵犯领导私密空间，令领导心存芥蒂；若领导对下属太亲近，会有损自己的威严，也会让下属变得骄狂。

社交心理策略

同事是与自己一起工作的人，与同事相处得如何，直接关系到自己的工作、事业的进步与发展。如果同事之间关系融洽、和谐，人们就会感到心情愉快，有利于工作的顺利进行，从而促进事业的发展；反之，就会影响正常的工作和生活，阻碍事业的正常发展。

谨慎一点，躲开爱挑拨是非的人

爱挑唆的同事总是忙来忙去地穿梭于其他同事之间，今天向这个同事告那个同事的“秘密”，明天又到那个同事面前造这个同事的谣言。如果你的办公室中，不幸出现了一个喜爱挑拨离间的同事，那么你在和他相处时，一定要保证自己的言行正直而坦荡。如果你傻乎乎地跟他互论长短，那早晚你会被溅到一身脏水。

王成名是一家公司的一名运营，业绩一直处于中等水平，既不高，也不低。不过，因为王成名的妻子是公司总经理的表妹，所以，王成名被提拔为运营经理。原本大家都是同事，而且业绩不相上下，甚至比王成名更好，但是，如今王成名一步登天，居然成了运营经理，不管对于谁来说，这都无异于一记重磅炸弹。虽然的确有一部分同事是出于酸葡萄心理说三道四，但也有一部分同事本身就比王成名的资历深，业绩也比王成名优秀。背地里，大家你一言我一语，众说纷纭：“真是够可以的，论资历，他比我晚来公司两年；论业绩，他的业绩也没有我好，但是人家有裙带关系啊！”“是啊，这样明显的托关系，真的是完全不把大家放在眼里啊，看来还是关系靠谱啊！”一时间，销售部的同事们群情激奋，你一句我一句地把王成名数落得一无是处。

邱宁是一名大学生，刚来到本公司没多久，看到大家越说越激动，也借此机会说了很多关于王成名的坏话，例如王成名工作能力不强、疑心太重、与同事之间有隔阂等。其实，他也是想通过这个话题多与大家谈谈心，拉近与其他老员工的距离。不过，俗话说，画虎画皮难画骨，知人知面难知心。在这些人中，有一个两面三刀的同事良哥。良哥虽然当着大家的面也义愤填膺地说王成名的坏话，但他私下里与王成名的关系特别好。

对于这件事，大家也很好奇，既然良哥与王成名是好朋友，又为什么要说王成名的坏话呢？其实，这是王成名与良哥的计谋，即让良哥假装说王成名的坏话，这样一来，在良哥的“带领”下，大家就会无所顾忌地说王成名的坏话。而过不了当晚，良哥就会找机会把大家所说的坏话告诉王成名。

当良哥把大家的不满和不服气传达给王成名之后，王成名想：“其实，这些同事们的不满都在我的意料之中。但是，出乎我意料的是，邱宁这个刚来公司没几天的臭小子居然也敢当众说我的坏话。他进公司刚刚才两个月，有什么资格说我呢？”自此以后，王成名在工作中处处为难邱宁，给邱宁小鞋穿。结果，又过了几个月，邱宁被迫无奈主动辞职了。直到最后邱宁也不明白，自己并不是第一个也不是唯一一个说王成名坏话的人，为什么王成名单单容不下自己呢？

面对他人的言辞挑唆，我们一定要避而远之，否则你就是下一个邱宁。同事关系错综复杂，一不小心你就会中了他人的圈套，所以说我们一定要谨言慎行，巧妙避开雷区。

朋友们，对于同事间谈论的那些是是非非，你知道怎么面对吗？

1.多倾听，少说话

话说多了，就会让人生厌，也容易祸从口出，这时，最好的办法是学会静心倾听。注意听，给人的印象是谦虚好学，专心稳重，诚实可靠；认真听，能减少不成熟的评论，避免不必要的误解；善于听，能让你拥有丰富的人脉资源。

2.远离爱谈是非的小人

人以类聚，物以群分。搬弄是非的小人，同样喜欢和那些经常议论别人是非的人在一起。我们要想远离搬弄是非的小人，首先要做的就是不在别人的背后议论他人的是非，如果搬弄是非的小人找到我们，想和我们说别人的是非，我们应该终止对方在这方面的话题。

3.冷静一点，克制自己

当听到有人说第三个人的坏话，肆意贬低那个人的消息时，虽然你可能想凑热闹，但是要努力控制自己的情绪，保持头脑冷静。你可以这样回答警告自己：“多一事不如少一事，万一对方是故意挑唆事端呢？还是别掺和好了，以免掉入陷阱，随便他们怎么说好了。”这样，不论对方是不是有意，你都不会招惹麻烦。

社交心理策略

人与人之间的关系本来就是很复杂的，特别是在公司里，几个人凑在一起闲聊，话匣子打开就很难合上。有很多人可能因为把持不住而说别人的坏话，而另一些人就会随声附和，背后添油加醋地加以传播，后果将不堪设想。

第18章 谈判应酬，妥善进退练就人见人爱本领

在日常工作中，谈判其实就是一个妥协的过程，通过双方的妥协使之达到平衡点，从而实现双赢。当然，要想在谈判中赢得头筹，我们应该有一定的心理策略以及掌握一定的谈判技巧，少说多听，字字珠玑，判断对方的底线在哪里，从而达到自己的谈判目标，实现利益最大化。其实，妥善退让就是一种非常实用的谈判技巧。如果谈判到了关键时刻，你碰到棘手的问题时，不妨说“这件事让我考虑一下”或“这件事我们另外请示商量一下”等等，这些委婉的措辞都能为你赢得调整思维部署新方案的机会。谈判考验的是一个人多方面的社交能力，一个谈判高手定能让双方在共赢的基础上实现更长远的合作。

拿下关键人物，谈判自然水到渠成

西汉初年，汉高祖刘邦率领大军与匈奴交战。刘邦求胜心切，带领骑兵追甚敌军，把大队人马丢在后面，不料刚刚追到平城，便中了匈奴的埋伏。刘邦被遁困守白登山，等待援兵的到来。然而，汉军的后续部队已经被匈奴军队分头阻拦在各要路口，无法前来解围，形势十分危急。

到了第四天，被围困的汉军粮草越来越少，伤亡的将士不断增加，刘邦急得像热锅上的蚂蚁，坐立不安。跟随刘邦的谋士陈平，连日以来无时不在苦思冥想着突围之计。这天，他正在山上观察敌营的动静，看见山下敌军中有一男一女指挥着匈奴兵。一打听才知道，这一男一女是匈奴王单于和他的夫人阏氏。

他灵机一动，从阏氏身上想出一条计策，回去和刘邦一说，马上得到了允许。陈平派一名使者，带着金银珠宝和一幅图画秘密地去见阏氏。使用高价买

通了阏氏帐下的小番，得到进见阏氏的机会。见到阏氏后，使者指着礼物说："这些珠宝都是大汉皇帝送给您的，大汉皇帝想与贵族和好，所以送来礼物，请务必与匈奴王疏通疏通。"阏氏的心被这份厚礼打动了，全部收下。

使者又献上一幅图画，打开一看，原来上面画的是一位娇美无比的美女。使者说："大汉皇帝怕匈奴王不答应讲和，准备把中原头号美人献给他，这就是她的画像，请您先过目。"阏氏接过画像一看，图上的美女就像天仙一般漂亮，她想：如果自己的丈夫得到如此美丽的中原女子，还有心思宠爱自己吗?想到这里，她摇晃着头说："这用不着，拿回去吧！我请单于退兵就是了。"使者卷起图画，告辞了。

阏氏送走汉军使者后，去见匈奴王，她说："听说汉军的援军快打过来了，这里的汉军阵地又攻不下来。一旦他们的援军赶到，咱们就被动了。不如接受汉朝皇帝讲和的条件，乘机向他们多要些财物。"匈奴王经过反复考虑，终于同意了夫人的意见。后来，双方的代表经过多次谈判，达成了停战协议。

战场上常说"擒贼先擒王"，商务谈判时也要"擒贼先擒王"，抓住对方真正的决策者，才能快速地达成协议。要想在生活中有所建树，最好的方法，就是运用你个人的能力去影响和控制某些能够帮助你获得人生成功的关键人物。你必须找出来哪个人最能帮助你达到你的人生目的。

那么，对于那些关键人物，你该如何与之相处，得到他的青睐呢?

1.懂得投其所好

作为一名职员，在激烈的市场竞争中，要想做好大客户的管理工作，让大客户为公司创造巨大的利润，我们就得练就一身找到大客户关键人物的本领，并设法投其所好。只有这样我们才能将大客户顺利拿下，进而取得销售工作的成功。

2.坚持不懈地与之联系

与关键人的沟通是否顺利或者有效，一次并不代表最终的结果。要与关键人保持持久关系，就要有坚持不懈的精神。一旦确定了明确的目标，就一定不要轻易地放弃与客户之间的联系，要利用一切可以利用的机会与关键人保持良好的沟通。

3.适时送点礼

赠送别出心裁的礼物是和关键人物联络情感的重要方式，这里要具体情况具体分析。礼物不能千篇一律，礼物的选择更不能假手于他人。昂贵的不一定就是好礼品，送礼就是要投其所好。赠送方式也要别出心裁、别具一格，有时，你不妨请他的家人代收。

现在的社会，是一个离不开交际的社会，你可以没有钱，但是绝对不能没有人脉。一个人有了人脉，就拥有了开创未来的资本。不要幻想着你自己是多么强大，孤木不成林，滴水不成河，一个人的力量毕竟有限，众人的力量才是巨大的。

谈话礼在先，有礼走天下

俗话说：“尊重别人就是尊重自己。”一个有礼貌的人到哪都会受欢迎，受到人们的热诚接待，而一个习惯于出口不逊的人，就不会得到别人的喜欢。在社会交往场合中，让自己礼貌的谈吐帮助自己取得成功，是现代社交人士获取好形象的关键。

母鹦鹉下了两个蛋，孵出了两只小鹦鹉。一天，当母鹦鹉出去寻找食物的时候，这两只小鹦鹉被一个猎人捉走了。其中有一只运气好，悄悄地逃跑了；另一只却被猎人关进笼子里，开始教它说粗鲁话，让鹦鹉为他解闷。那一只逃出去的小鹦鹉，幸运地被一个云游的仙人带到自己隐居的地方，同样喂它东西吃，却教它礼仪和待客之道。

日子一天天过去了，两只鹦鹉都长大了。有一天，国王和他的卫队从猎人居住的森林经过，来到猎人的住房。那只粗鲁的鹦鹉看到国王来了，立刻用一种很难听的声音喊道：“喂，喂！我的主人呀！有一个人骑着马跑来了。你赶快出来杀死他。”国王听到了鹦鹉的话，拔出剑来杀死了这个报信的小间谍，然后赶快逃跑了。

当国王筋疲力尽的时候，他看到了仙人居住的静所。仙人养的这只鹦鹉一见到国王就说道："来吧，来吧，国王呀！请休息一下吧！请喝点泉水，吃点甜果吧！仙人们呀，请你们向尊敬的国王献水致敬吧！"

国王非常开心和满意，就向仙人求情，把自由重新还给了它。国王说："这一只伶俐可爱，我一见了就喜欢；那一只粗鲁无礼，真是死有余辜！"仙人知道了事情的缘由后，感叹道："都是一样的小鸟，只因为说的话不一样，就得到了截然不同的下场。"

懂得礼仪的鹦鹉给我们作出了学习的榜样。沟通所采用的方式必须是有礼貌、有修养的，同时避免采用直接、尖锐的沟通方式，否则就要失败，导致结果达不到原定的目的。

讲究礼仪是一个人修养最基本、最直接的体现，而礼貌待人更是保障人与人沟通顺畅的桥梁。在人际交往中，懂得礼貌待人的人很容易获得别人的好感，得到别人的尊重，而不懂得礼貌的人只会遭到人们的嫌弃。

无论是谈判还是平常的沟通，我们都要以礼待人，这是一种做人的修养，也是与人拉近关系的必备素质。我们不妨注意以下几点：

1.为人和气

和气，就是要以理服人，心平气和地同别人讲活，不能强词夺理。在香港，政府推行"公务员礼规"，规定说话必须和气，有礼节。警员检查完人们的身份证，会客气地说 "打搅了"；承建商在工地板墙上写着"地盘施工，各位小心行走，不便之处，请诸君多多包涵"。

2.礼数要诚恳

当然，礼数多了不诚恳也是不行的。如果你总是敷衍了事，那么即使礼数再多也起不了什么作用。客气待人讲的是礼貌、诚恳地对待他人，懂礼貌与诚恳待人二者结合起来，才能得到尊敬，才可称得上是真正有礼貌的人。

3.记得礼貌用语

礼貌交谈，首先就要使用礼貌用语，如"请""谢谢"等。在与人交谈的过程中，多使用一些礼貌用语能够使自己更具有亲和力，能够在无形中提升自身的形象，给对方一个良好的感知和印象。同时，常用一些礼貌用语，也会在不知不觉中拉近彼此之间的距离。

4. 不该打断别人说话

不该打断别人说话，尤其在别人谈到兴头上时更不宜打断，这是谈话的基本礼貌。在现实中，一旦别人谈话的内容不中其意，就不耐烦地打断对方，或以某种动作流露出自己对谈话人所言不感兴趣，或在他人说话做暂时停顿时借机打断他人讲话，都是极不礼貌的表现。

社交心理策略

无论是推销、谈判、协商还是一般交际，都要通过交谈来打动别人，但交谈一定要注意各种礼仪，如果不注重礼仪，即使口才再好，也会大打折扣。交谈体现着人的礼仪修养，得体的交谈不仅是语言的流露，也是礼节的显现。因此，与人交谈时应注意文明礼貌。

投石问路，善用试探性提问

投石问路是谈判中一种常用的策略。作为买家，由此可以得到卖家很少主动提供的资料，来分析商品的成本、价格等情况，以便做出自己的抉择。投石问路是谈判过程中巧妙地对对方的一种试探，它在谈判中常常借助提问的方式，来摸索、了解对方的意图以及某些实际情况。所以说，如果你想更好的拿下对方，占据主动，那就试试投石问路的方法吧！

王太太来到商场，走到小林的店铺。

小林：“美女您好，请问您是给自己买，还是给别人买呢？”

王太太：“给自己买。”

小林：“您喜欢复古款的，还是喜欢新潮点的，还是更喜欢大众款的服饰呢？”

王太太：“我更喜欢大众款的。”

小林：“您喜欢紧身显腰身的，还是喜欢宽松舒适的呢？”

王太太：“宽松舒适一些的吧，我十一外出旅游时穿。”

小林（脸上带着欣喜而满足的笑）：“那这款对您再合适不过了，我拿一个您能穿的号，您试一下，保证您穿上就不想再脱下来了。”

王太太到试衣间试穿衣服，穿好衣服后走到试衣镜前。

王太太：“这套衣服确实如我所愿，多少钱？”

小林：“这段时间因为有不少人都买了这套衣服，因此也就剩几套了。这样，看您如此满意，就按八折给您吧，我算一下……呃，六百元。”

王太太：“有点贵了，不过难得找到一套这么合适的衣服，帮我打包吧。”

就这样，小林很轻松地卖掉了一套衣服。

每一次提问，都是一粒探路的石子，帮助我们了解到对方真实的心理。这种试探性提问一般会让对方穷于应对。当他们面对这一个个连环炮式的提问，不但难以主动出击，而且很容易降低自己的条件，迅速达成协议。

如果一部新电影过早地透露剧情，估计还未等到上映，观众就会缺乏掉新鲜感；如果打仗过早暴露自己的实力，那么敌人一定会对自己的进攻了如指掌。同样，生活中，如果你过早暴露了自己的意图，只会让对方更加防备于你。

显然，作为一个好的策略，投石问路需要把握火候，得有一定的技巧。如果你把握得好，提问很有艺术和水平，别人又能接受你，你就可以从对方那里得到通常不易获得的资料。

1.问题要有针对性

在谈判中，使用投石问路的策略，必须注意你所提出的问题要能够把问题的解决引导到交易能否做成的大方向上去，并能够使对方做尽可能详细的正面回答。当买方表现得不感兴趣或犹豫不决时，卖方可以问：“你想买什么东西？”“你对我们的产品还满意吗？”等。提出这些引导性问题后，卖方就可以根据对方的回答找到适当的理由来说服对方，促成交易。

2.因势利导，巧用对方的石子

有时我们会遭遇对手的“投石问路”，这时不妨针对他想知道更多情况的心理，对其进行有意识地引导，提出反建议，将对手扔过来的石子还给对方。比如：“您问的问题我都答复了，怎么样，请您考虑我的条件吧。”如此因势利导，往往能促使谈判走向成功。

3.问题尽量简短

在谈判过程中，提出的问题越短越好，而由问句引出的回答则是越长越好。因此，我们应尽量用简短的句式来向对方提问。因为当我们提问的话比对方回答的话还长时，我们就将处于被动的地位，这种提问是失败的。

4.让问题“顺便”带出

有时提出问题并不用郑重其事的方式，因为这种方式显得过分重视，至关重要，一旦被否定，自己会感到下不来台；而如果在执行某一交际任务过程中，利用适当时机顺便提出自己的问题，给人的印象是并未把此事看得很重，即使不能满足，也没有关系。

社交心理策略

在现实生活中，当你满怀希望地向他人提出请求时，却当场遭到对方的拒绝，那场面是很令人难堪的。造成尴尬的原因很多，有些是无法预见的，但有些却是可以通过自己的努力加以避免的。懂得并力争避免不必要的尴尬场面出现的技巧，是每一个交际者都应该掌握的。

第19章　商务往来，真诚相交得人心方能得客户

客户是一种潜在的财富，你有多少客户，往往决定着你的业绩以及薪水。在职场中，无论你能力多优秀，如果你想成功致富，那么必须开发大量的客户。因为只有客户才能让你成功致富。在商务往来中，如何才能赢得客户的芳心呢？其实，真诚就是一个极为重要的方面。在社会交往的过程中，人与人之间的距离往往会因为真诚而拉近。尤其在客户开发工作中，最能打动客户的便是你的真诚。任何一个人在与客户交往的过程中，只要能用最真诚的态度与客户交往，就能够实现与客户心灵的相通，消除与客户之间的心理隔阂。

讲诚信，赢得对方长久的信赖

关于讲信用，大家可以看一下下面这则故事：

一天，曾参的妻子想要上街去，但是她的小儿子拉着她的衣襟，又哭又闹，一定要跟着她去。他妻子被闹得没有办法，就只好骗孩子说："只要你答应留在家里，妈妈上街回来了，就杀猪煮肉给你吃。"

她的小儿子听了非常高兴，因为曾参的家里非常贫穷，平常的时候很少吃到肉，因此曾参的儿子信以为真，乖乖地回家等着妈妈回来以后杀猪吃肉。

曾参的妻子从街上回来以后，大吃一惊地发现，曾参已经用绳子把猪给捆上了，旁边还放着一把雪亮的尖刀，正在准备杀猪呢。她便急忙走上前去阻止他说："我刚才是和小孩子说着玩的，只是想哄他回家罢了，并不是真的要杀猪，你怎么就动手了呢？"

曾参说："孩子是不能欺骗的。孩子小，什么都不懂，只会学父母的样子，听父母的教导。今天你说话不算数，欺骗了孩子，就是在教孩子说谎话。

再说，母亲欺骗了孩子，孩子觉得母亲的话是不可靠的，以后你再对他进行教育，孩子就不会那么容易相信你的话了。为了完善孩子心性的美好，所以我们就应该守信重诺，说了杀猪吃肉，就必须实现诺言。”

讲信用，你就要说到做到，不管是大人还是小孩，不管是大事还是小事。如果你欺骗了对方，那你很难再给他人留下好的印象。生活琐事如此，工作交流如此，生意谈判如此……恪守信用，才能赢得对方长久的信赖。

“经营之神”松下幸之助说过：“想要使下属相信自己，并非一朝一夕所能做到的。你必须经过一段漫长的时间，兑现所承诺的每一件事，诚心诚意地做事，让人无可挑剔，才能慢慢地培养出信用。”朋友们，如果你答应了别人，那请你一定要说要做到、讲信用。其实，这是获取好人缘的一种途径，也是让自己成为他人信得过的人所必须要做的事。如果你无法对你说出的话负责，那你很难成为一个令人信服的人。

清代生意人胡雪岩创办胡庆余堂，经营的是中医药业。这个行业自古以来就有单方秘制的传统，一旦制成药品，一般人是很难辨识真假优劣的，故有“药糊涂”之说。可是，药品事关人命，许多生药材含有对人体有毒的成分，必须经过水制、火制或水火炮制后，才能既保持药效又除去其中的有毒成分。在达到药用标准后，还需对药材做取合搭配，而这就要求药的种类、数量和质量等不能有半点虚假和马虎。以假充真、以次充好，或者减少贵重药的配量都会影响疗效，甚至会危及人的性命。

针对种种欺诈行为，1878年5月胡庆余堂创办之初，胡雪岩就亲自立下“戒欺”的牌匾。胡庆余堂众多的匾额和招牌都是朝外挂的，以方便顾客观赏，唯独这块黄底绿字、笔力道劲的“戒欺”匾却是朝里挂着，正对着坐堂经理的位置。因为药店主人希望坐堂经理严格把关、督促众人恪守“戒欺”的店训。

人离不开交往，交往离不开信用，“小信则大信也”。无论是治国持家还是做生意，讲信用在其中都必不可少。要想成就大事业，你就必须在35岁以前建立起自己的信用账户，并要注意不断地储蓄，因为这将是使你受益一生的财富。

吹牛皮的人，可以用自己的嘴巴将火车吹着跑。人的信用，不是靠三寸不烂之舌便可“吹”得起来的，得看实实在在的行动。说得天花乱坠，而做起来又是另一套，只会让人更厌恶，更看不起，何谈为人的信用？

1.守信没有大小事之分

坦诚要分事分人拿捏分寸，但是守信则不能，在大的原则下，对待任何事与任何人都要恪守信用。信用能够带给人安全感，只有你给人一种安全感，才能使他放心地把事情交给你，也才能使你有表现自己的机会，完成自我价值的实现。

2.记性不好，做个备忘

拿一张纸把你这星期以来所做的承诺一一写下，看看哪些事你没有去做，以及哪些事你压根儿就无意去做。然后，把那张纸钉在一个你可以天天看到的地方，让它提醒你去做该做的事。

3. 说话负责任，不轻易许诺

许诺是十分郑重的行为，对不应办或办不到的事，不能随便许诺，一旦许诺，则须认真兑现。一个人如果失信于人，就降低了自己的价值。如果在履行诺言的过程中，情况有变，以致无法兑现，要向请托者如实说明情况并致歉意，这与言而无信是两码事。

信用是长时间积累的信任和诚信度，它是我们在生意场上与人竞争和与人共处时最重要的素质和资本。一个生意场上的高手，应该是一个恪守信用的人，以一颗诚信之心去经营，才会赢得客户的信任与尊重，并赢得更多的生意和机会。

利益互补，共赢让彼此交往更顺畅

严格去年毕业于一所比较知名的音乐学院，他外表英俊，歌唱也有一定的天赋，已经在多家电视台崭露头角，但是毕竟是事业刚刚起步，严格需要更加有力的宣传中介来提高自己的知名度。后来一次偶然的机会，在一次朋友举办的宴会上，严格结识了姚橙橙。了解之后，严格得知，姚橙橙曾经在新加坡的一家公共关系公司上班，两年后回国，并于三个月前开办了一家公共关系公司，但同样是因为种种客观因素，姚橙橙至今都没有找到一个比较稳定的合作对象。这样两人一拍即合，严格成了姚橙橙公司的长期合作艺人。严格通过姚橙橙的公司迅速提高了自己的人气，不仅给姚橙橙的公司带来了极大的效益，还帮助该公司渐渐出了名。两人可谓各取所需。

在生意场上不仅性格相似的人会相互吸引，彼此之间性格差异较大的人也能够建立较为亲密的关系。当双方的需要或满足需要的途径刚好互补时，彼此就产生了强大的吸引力。因为他们各自都能弥补对方的不足，互通有无，所以能一拍即合。请记住，遵循利益互补的原则，你和对方之间的关系将会更为亲密。

有一次，艾伦向巴黎的一家酒店预租了一间大厅，准备举办一个朋友聚会。就在时间快到的时候，他忽然接到饭店经理的电话通知，经理要他支付比平常多两倍的租金。那时，艾伦的邀请函已印好发出了，艾伦自然不想多付给他钱。但他明白，假如与这名经理谈自己的需要，或者向对方大诉苦水，结果也肯定是徒劳无功的。于是，两天后，他直接去找酒店经理。

“今天接到你们酒店的通知，我感到十分的震惊，”艾伦说，“但站在你们的角度来想，我并不责怪你们的这种行为，因为如果换作我是你们，说不定我也会这么做，甚至收的租金更高。你是一名经理，需要为酒店的利益考虑，否则你的领导也一定会责怪你，甚至开除你。现在，我拿来一张纸来，我来写下这件事对你们酒店将产生的积极影响与不良影响。”

说完，艾伦拿来一张纸，在上面画出两栏，一栏中写上“利”，另一栏中写上“弊”。艾伦在“利”栏中写上“大厅可做他用”，并解释：“你们的好处是可以让大厅空下来，另外租给别人跳舞或开会，这比租给我聚会的收入高一些。假如我占用大厅三个晚上，这当然会使你们错过了一些生意。”

“现在，让我们来看看‘弊’的那部分。第一，由于我付不起你们要求的租金，当然不得不做出另外的选择，这就意味着你们将得不到我的这笔收入。

第二，这一系列的聚会，我将会邀请许多受过高等教育的文化人士来此，这显然为该酒店做了一次非常好的广告。事实上，假如你们在其他媒体上做广告，每次至少要花费三千美元，而且未必能吸引这么多人前来参观。”

艾伦先生一面说，一面在“弊”栏写下刚才他说讲的两点。然后将这张纸递给饭店经理说：“我衷心地希望你们能仔细地考虑一下，并尽快将最后的决定通知我。”

第二天，艾伦就收到了回信：租金只上涨30%，而不是原来的两倍。在这里，艾伦扮演了一名销售人员的角色，他做到了看上去几乎不可能的事。为什么他能成功？因为他发现了饭店经理所没能发现的地方——为饭店做一次极好的宣传。

有时候，我们会在谈判中犯下简单的错误：仅基于对方明示或暗示的要求进行谈判。但事实上，明确对方的利益，并为彼此的利益寻找到恰当的解决方案，你便更有能力洞察谈判。如果你能做到这些，他就不会提出不合理又极端的要求。

朋友们，我们要想在商务往来中获取更多的朋友和客户，请一定做到利益互补，共同创造彼此的财富，千万不要迷信“单打独斗”的力量，这种心态只会让你走向失败。一个人之于世界犹如滴水之于大海，实在微不足道。一个人终其一生，顶多在一两个领域颇有建树，大多数领域对他来说都是未知。想要获得更多的成就，只有依靠群体，利益互补，合作共赢，你收获的才能更多。具体做法，可以参考以下几点：

1.懂得与人合作

美国教育之父韦伯斯特说：“人们在一起可以做出单独一个人所不能做出的事业，智慧、双手和力量结合在一起，几乎是万能的。”对于自然界的万物乃至人来说，无处不在合作，个体和整天都要合作。合作可以节省时间，提高效率，取众人之长，补一己之短，实现共赢。

2.考虑对方的利益

谈判中只有将对方的利益也进行充分考虑，让对方也有利可图，这样才会给自己留下赚取利益的机会，才会使谈判成功。而要让对方感受到你的诚意，你得通过自己的措辞表达出来。朋友们，如果你想赢得更为长远的利益，请你一定要为对方利益着想，合适的时候也可以懂得让一分利，这样你不仅收获一笔生意，还能收获一份人情、一个长期合作的伙伴。

3.面对矛盾，灵活变通

当双方利益出现冲突时，你就要在坚持原则的基础下，加强灵活性。你必须要强调你为满足对方利益所做的努力，并真诚阐述自己的情况，并对对方的努力表示认可和感激。只有对人持真诚的态度，才有可能坚持利益的底线态度。

社交心理策略

常言说得好：“多个朋友多条路。”今天你铺就了“人情路”，让别人从上面走一趟，明日你就有可能在关键时刻踏上别人为你铺就的康庄大道。反之，如果你今天舍不得给别人铺路，舍不得下本，明天你就会孤立无援。这就是人情关系，合乎情理，也合乎人性。

为对方着想，对方才能相信你

一个农夫赶着一匹马和一只驴去城里，它们背上都驮着沉重的包袱，里面装满各种货物。马对驴说：“兄弟，我昨天干活的时候脚受了点伤，你能不能多帮我驮一点？回去我一定好好谢你。”驴冷冷地说：“我背上的东西已经够多了，不管脚有没有受伤，你都应该完成你的工作。”马没办法，只好继续走。

走了一段路，马疼得全身冒冷汗，又一次向驴求助，驴依然冷漠地拒绝了马。

又走了一段路，农夫终于发现马的身体不对劲，他看到马的腿上出了血，连忙把马身上所有货物都放在驴背上。不肯帮马分担的驴只能驮着所有货物，气喘吁吁地走向集市。

自私的人终究会吞下恶果。朋友们，如果你不懂得为他人着想，天天只惦记着自己，那你如何在社会立足呢？起码，没人会在心底里信任你，因为你只会为自己考虑。

当你慷慨陈词的时候，你是否注意到对方情绪的变化呢？当你针锋相对反驳对方的时候，你是否发现对方的脸色由晴转阴了呢？当你一句扫兴的话给对方泼了冷水的时候，你是否发现对方已经兴致全无并有意终止交谈呢？朋友们，如果你总是站在自己的角度看问题，那你怎能俘获他人的心呢？你又怎能赢得他人的信任呢？不管是在生活中、工作中还是生意场上，请你记得多为他人考虑一下，只有这样你才能收获好人缘，你想达成的目标才会更加容易。

战国时期，有个著名的军事家吴起，他在魏国军队当将领。由于他能够站在士兵的立场上体会他们的疾苦，所以他很受士兵们的爱戴。有一次在战场上，吴起看到一个士兵身上长了脓疮，痛苦得不得了。身为将领的吴起，竟然二话不说低下头就用嘴给那个士兵吸吮起脓血来。这件事情感动了全体士兵，还传到了那个士兵母亲的耳朵里面，但是这个士兵的母亲听到这个消息之后，并没有为自己的儿子受到统帅的如此待遇而高兴，反而大声地哭了起来。别人很不理解，就问她："你的儿子受到将军的如此厚爱，你为什么还要哭呢？"这个士兵的母亲哭着说："这哪是什么福分啊，将军这么对待我的儿子，分明是要他去送命啊！以前的时候，吴将军就曾经为我的丈夫吸过脓血，结果打仗的时候，我的丈夫格外卖力，总是冲锋在前面，最后战死了。现在他又这样对待我的儿子，你说是不是为了让我儿子去拼命啊？"

这个故事中，吴起虽然有心机在里面，但他能考虑对方也是很明显的。他能舍身为士兵吸脓血，所以他手下的士兵能信任他并为他拼命也就不奇怪了。

有时候为他人着想其实就是为自己着想，因为爱是相互的。你关心别人，别人也会关心你。把爱心奉献给他人的人，在危难之际能得到来自四面八方的帮助；而自私自利、唯我独尊的人，势必会孤立无援，即使被困难束缚得即将窒息，也不会有人向他伸出援助之手。

朋友们，不管是职场还是生意场，面对着利益相争的现实，如果你想要对方能够信任你，那就做一些为对方考虑的事情吧！多一点理解，你们的关系才会更为贴近。

1.多一点信赖，少一点盲目

为别人着想给对方带来的是方便、利益和愉快，别人自然会把你当做自己人来看待，无形之中就会信任你；而对你自己而言，先前那些盲目，你的不释然、困惑、恼怒……都会因此消除。

2.给对方充分的理解

“我理解你”，短短四字，就是你能向他人说出的最体贴的一句话，也是对方最乐于听到的一句话。当你对人说出这句话时，表示你能体会他的心情及他说话的意思，而对他来说，你便具有强大的魔力，而且非常值得信任，也能为自己找到生意上的好伙伴。

3.做一个宽容的人

如果你做不到心胸宽广、宽容待人，那你很难为他人考虑。不管是在工作中，还是在生活中，只有理解宽容，以人心打动人心，设身处地地为他人着想，学会站在对方的立场来看问题，这样才能包容他人的过错，才能真正地理解他人，才能与他人建立起良好的人际关系，我们才可能走向成功。

社交心理策略

在事业上，一张良好的关系网可以让人得到各种各样的信息和资源；在生活上，愉悦的人际关系能够减少摩擦，保证自己做事更加顺利。越来越多的人开始重视人际关系，人们发现想要改善人际关系并不困难，关键在于你会不会为他人着想。

不争之争，才是争之上上策

春秋时期，智伯是晋国的贵族，他手握权力，但是为人特别贪婪而且还很不讲道理。他有自己的封地，但还是不满足，于是他决定侵占别人的土地。

当时晋国的贵族有一个叫魏宣子，他就受到了智伯的骚扰。魏宣子对智伯向他索要土地的行为讨厌至极，不愿意把自己的土地给他。但是他的属下任章认为，争无用，不如不争以赢得最后的胜利，对宣子说："您最好给智伯土地。"

魏宣子听后很是不能理解，便问道："土地是我的，我为什么要白白送给他呢？"任章笑着摇了摇头说道："此言差矣，他想要平白无故地得到土地，一定会引起邻国的恐惧，邻国就会对他有所忌惮；他利欲熏心，一定不知道满足，如果我们给了他土地，他就会骄傲自满，以为别人都怕他，更加肆无忌惮地向别国要求土地。长此下去，邻国就会联合起来对付他的。"

魏宣子听了任章的分析十分高兴，便决定改变主意，把一大块地割让给了智伯。智伯果然因此更加狂妄，开始把贪婪的手伸向了其他国家。

他接着向赵国索要土地，赵国非常气愤，并没有答应他的无理要求。于是，智伯便派兵围上晋阳，包围了赵国。赵国为此和韩、魏结成了联盟。韩、魏趁机从外边打进去，而赵国在里边接应，就这样里应外合，把智伯消灭了，正如任章所推算的。

智伯的故事说明的道理，相信大家都看的很明白了。很多时候，不争之争是上上策，这是一种交际的谋略，的确值得我们每一个人学习。从历史上许多事实来看，极力求功名的人，难以得到功名；极力求富贵的人，难以得到富贵。如不重视名声反而能得到名声，不重视利益反而能得到利益，不企求富贵反而能得到富贵，这就是适得其反的道理。

薛晓琪一开始只是一家公司的一名普普通通的员工，几年前，几乎没人把她放眼里，更算不上什么竞争对手。但是奇怪的是，这样一个没人高看的人，竟然接二连三的升职。

薛晓琪当初应聘的时候，连薪酬都不提。上班之后，遇到别人不愿干的工作也总是她痛痛快快地接过来。大家都觉得薛晓琪是一个傻大姐类型的人物，可是在她自己看来，领导站得高，看得准，安排得周全，听领导的话永远没错。在同事们的印象中，薛晓琪从来不参与任何争权谋利的事情。

就这样时间慢慢过去了两年半，薛晓琪工作还是很努力，但进步仍属中游，她还是那样遇事不争。半年前，公司决定扩大公司业务范围，成立一个新的部门，总经理希望在公司内部提拔一个人来管理。一时间大家如八仙过海般各显神通，都在为这个职位而费神费力。

刚开始的时候，总经理想让公司运营部经理的助理韩强坐这个位置。可是了解到韩强这个人平日仗着自己的背景，谁都不放在眼里，背地里得罪了不少的高层。于是总经理和各领导左右权衡下来，最终还是决定让薛晓琪来挑大梁。主要原因是领导觉得薛晓琪群众基础很好，没有什么野心，而且工作能力也很强，比起那些精于算计、钩心斗角、搬弄是非的人来说更加放心。再加上薛晓琪每天早来晚归的工作态度也给上面某些领导留下了深刻印象，所以就定下了她。

薛晓琪在公司看似不争不抢、不在乎，但是她却成了最终的胜利者。不争之争，才能彰显一份睿智，给人带来一份踏实与信任。当别人争得你死我活、相持不下时，就显出你的分量了。要知道，你每打败一个对手的时候，敌人也就又多了一个，在你前进的道路上就多了一道障碍；你每帮助一个人，就多了一个朋友，多了一个拥护者。

如果，我们在为人处世时，也效法天道，把我们的智慧贡献出来，不辞劳苦，不计较名利，不居功，秉承天地生生不息、长养万物万类的精神，只问耕耘，不问收获，这样，自然能达到“为而不争，天下莫能与之争”的高境界。

1.心胸开阔一点，就争不起来

其实只要心胸开阔一点，就争不起来；为别人多考虑一点，就争不起来……生活中，可以有无数个不争的理由。哪怕只是少争一点，把看似要紧的东西看淡一点，你就会发现，人心一下子变宽了，世界一下子变大了，笑脸多了，礼让多了，真诚多了，友谊多了，爱多了……

2.和自己争

争，需要对手；而不争，是想别人没想过的问题，做别人没做过的事情。“善胜敌者，不争。”不争最终是为了更好地去争，不是和对手争，而是和自己争，和自己争就是要战胜自我。

3.不要锋芒太露

无论是做人还是处世，锋芒太露者，一般都不会有什么好人缘或好结局，如三国时期的杨修、张松和祢衡之辈，三人可谓都有着经天纬地之才，但他们却恃才傲物，耍小聪明，结果聪明反被聪明误，都成了刀下冤鬼。所以说，想要在职场有所成就，你就应该适当收敛锋芒，不要过于招摇。

社交心理策略 不争之争，才是上争的策略。庸人不知，所以乐与相安；明白人知道，却也不怎么样。所以老子说：“只有不争，所以天下无有能与他相争的了。”这就是虚己无我的作用。所以在商务应酬中，不是强有力的争才是争，有时不争可以争取获得更多的合作和利益。

第20章　提升自我，竞争力永远是你的核心价值

一个人的价值越大，朋友就越多；价值越小，朋友就越少，这是不变的真理。世界上所有的正常人，头脑健全的人，都是有能力，也有责任为他人提供价值的。而使自己永远具有对社会有用的价值，正是我们每一个人努力的方向。只要我们每一个人心存进取，不断行走在提升自我的前进道路上，就会永远不会失去自我的价值。朋友们，只有短视的人才会满足于现在的成就，聪明的人绝对不会因为现在的点滴财富而放弃完善、提升自己的努力，他们知道只有多给自己充电，才能获得更大的成就。大家都知道，如今，人与人之间的竞争非常激烈。如果你想获得成功，实现自己的价值，赢得他人的赞赏，那就要打造独特的核心竞争力，让自己超越竞争对手，在竞争中独占鳌头。所以说，你还有什么理由不努力呢？

竞争意识，时刻都不能忽略

你是否对同事间的钩心斗角心生厌倦，每日疲惫不已？你是否对周围的压力感到苦闷窒息？你是否曾天真地想象过一个人人和睦相处的世界，在那里自己可以整日躺在沙滩上晒太阳？你或许也明白以上都是妄想，但仍然在心底为此感到些许遗憾。其实，大可不必，因为这恰恰说明你深处竞争之中。如果没了竞争，那你的动力就会越来越小，时刻树立竞争意识，你才能不断督促自己前进。

陆远航是一家公司设计部的A小组组长，在公司他很受总经理的重视。可是没多久，公司因业务量大及各种发展需要决定成立新的小组——B小组。于是公司又招来一批新员工，还有一名新的B小组组长，重新对两个小组进行整合。新来的B小组组长叫蒋坤，这个人的工作能力非常强，又特别会处理同事

关系，很快得到了总经理的青睐，陆远航的地位很快被他代替了。

这下，陆远航多了一个竞争对手，压力非常大。明着是在进行各自的工作，但暗地里却是无时无刻不在竞争：想让自己的小组走在前面，想让自己的方案得到经理的肯定等。几个月下来，蒋坤的业绩明显高出陆远航很多并且下派给B小组的重要工作也明显增加了。

此时，陆远航感到莫大的羞耻与压抑，自己的一切全部被夺走了。总经理渐渐疏远他，手下的员工也很是不满，一时间陆远航觉得非常苦闷。终于，陆远航认识到现实，决定与之一较高下。面对竞争，陆远航首先是找自身的不足，改变策略，调整好心态，努力完善自己。大家都工作时，他用十倍的认真去对待；大家下班时，他继续钻研业务，调研市场，寻找工作中需要完善的地方，充分掌握行业内的最新动态。

随后，陆远航要求自己手下的员工弱化自我的已有成绩，追求最好。让大家以积极的心态去面对挑战，面对竞争，不断进取，不断超越自己。陆远航告诉大家，每个人的成绩都不是一蹴而就的，都是要付出努力和艰辛的。

就这样，B小组的全体员工进入了自我超越的努力中，在自己的努力中一点点地拉近与另一个部门的距离，而陆远航更是将所有的压力都转化成自己前进的动力。在他的努力下，几个月以后，陆远航向总经理提出了一份完善的工作改进计划，总经理又一次肯定了他的重要性，不仅再次重用了他，还将他的职位提升了一级。

陆远航后来说，在B小组蒋坤没有到来时，自己只想做好本职的工作，但蒋坤的举动刺激了他，激发了他做得更好的勇气，才使自己有了今天的成就，否则自己只会满足于小组长的工作。

朋友们，没有竞争就没有进步。竞争，使我们更加的奋发向上、积极追求。作为年轻人，更要有充实自我、提高自我竞争力的精神。要知道，在社会中，荣誉与奖励都属于竞争中的强者。同时，我们要学会“寻找竞争对手，设立发展目标”，来创造自己的美好生活。

1.心存危机感

危机常常会在那些没有危机意识的人身上降临，所以我们要在危机来临之前准备好。这是终身学习的时代，不要让自己落后。就算是有学习机会，但是你学习的时间少，也会被别人超越。别人休息的时候，我们仍然在学习，这样才会超越别人！

2.激励自己参与竞争

获取胜利，对于一个人的自尊心和健康具有深远的意义。个体在通过不断的竞争并获取胜利的过程中，能改变一个人对未来生活的态度，不断地取得成功会建立一个人的自信心以及鼓起高昂的志气，重燃起内心中的热情，最大限度地发挥出一个人的创造力。

3. 形成独特的竞争力

要想形成自己的核心竞争力，就必须在“人无我有，人有我优”上下工夫。大家都学到的知识，我们可以争取比别人提高一步，在此基础上产生新的东西；要善于发现自己独特的潜能，并着力开发这种潜能；我们也可以选择去掌握更多的知识，形成独特的竞争力。

4.处于不断学习状态

孔子说：“敏而好学，不耻下问，是以谓之文也。”学习是每个人得以进步的阶梯。能够不断学习的职场人士永远不会在竞争中被淘汰，因为学习让他们积累了更多的知识，提升了他们的竞争力，让他们能够不断地进步，进而成就自我。

社交心理策略

这个世界不能没有竞争，没有竞争就没有发展，没有竞争就没有进步，没有竞争就没有成功。只要有竞争，就肯定有竞争对手。有了竞争对手，就需要学会如何去面对他们。正确面对你的竞争对手是需要智慧和魄力的。

用心工作，是提升自我的前提

一个小和尚担任撞钟一职，半年下来，觉得无聊之极。虽然他每天都能按时撞钟，但半年下来主持却很不满意，就调他到后院劈柴挑水，原因是他不能胜任撞钟一职。

小和尚非常不服气，问主持："我撞的钟难道不准时、不响亮？" 老主持耐心地告诉他："你撞的钟虽然很准时、也很响亮，但钟声空泛、疲软，没有感召力。钟声是要唤醒沉迷的众生的，因此，撞出的钟声不仅要洪亮，而且要圆润、浑厚、深沉、悠远。而我却没有听到这样的声音。"

如果你总是抱着"做一天和尚撞一天钟"的心态对待你的工作，那你做的一切都不会走心，不用心的工作是没有成效的，只是浪费时间而已。

梁凯在一家贸易公司干了一年半，但他对自己的工作非常不满意。于是愤愤地找他的表姐艾薇大吐苦水："表姐，整个公司就我最不受重视，我拿的钱是最少的，这样下去，我怎么养活自己，我想辞职走人。"

艾薇问道："你对你们公司的业务很熟悉吗？对于做国际贸易的窍门完全弄懂了吗？"

梁凯回答说："都没呢！"

艾薇这样建议他："小凯啊，我觉得你现在太浮躁了，你应该冷静一下，用心去做好你的本职工作，把那些你一直没耐心学习的资料和文件都看看，不懂的都弄明白，一切学好之后，如果还是没什么前途可言，那你再走不迟。这样做岂不是既出气，又学到不少业务知识？"

听了表姐的建议，梁凯一改往日的散漫习惯，开始用心地工作起来，甚至下班之后，还留在办公室里对商业文书的写法进行研究。

时间又过了半年，这时梁凯跟表姐却是这样说的："表姐，自从上次听从你的教导，我的生活发生了很大的变化。最近半年来我一直用心做好工作，我发现并不是大家不重视我，果然是自己的原因较多。近来，总经理对我刮目相看，对我又是升职，又是加薪的，说实话，我现在在公司里可是人人敬佩的对象啊！"

表姐笑着说："这是我早就料到的！当初你的经理不重视你，是因为你工作不用心，又不精通业务。而后你痛下苦工，担当的任务多了，能力也加强了，领导自然也重用你了。"

用心是做好各项工作的首要前提，是一个人事业心、责任感的体现，是做好工作必备的品格。我们从事任何一种工作都离不开用心，用心是一个态度问题，用心对待是工作圆满完成的前提。俗话说："世上无难事，只怕有心人。"只要用心，一切问题都可以解决。

工作是人生的重要经历和重要内容，职业生涯也占据了人生最重要、最美好的时期。有效工作与有效人生存在紧密的关联，甚至决定着一个人的一生是否能够积极、健康和快乐地度过。

做到用心，你需要谨记以下几点：

1.做人诚实正直

诚实正直而又十分睿智的员工最受老板的欢迎。如果你的上司确信你是一个诚实可靠的人，他就会信任你，让你担负起重要的责任。如果你在和同事或顾客打交道的时候都诚实可靠，你也将得到丰厚的回报。

2.做好每一处细节

用心细节，从某种程度上讲，是一个人内心深处处事待物的一种态度，一种观念。我们应该学会细节上下工夫，观念上求改变。只有关注小事，慎重对待细节观念，你的生活才会有意义。观念决定思路，思路决定出路，要想改变结果，先要改变观念。

3.保持专注和热情

专注和热情是一种动力，是一把能够开启快乐的金钥匙，只有掌握了这两种本领，在遭遇逆境、失败和挫折的时候，才能从中得到无穷的力量，进而排除万难，到达成功的彼岸。将热情和专注注入工作中，即便是枯燥、乏味的工作，也会从中发掘出乐趣。

社交心理策略

用心工作是一种难得的精神和境界，在企业里，看一个员工是否懂得感恩，看他能否用心工作就可得知。一个用心工作的员工，是一个懂得对自己负责，对企业负责的人，也必是一个懂得感恩的人。

把小事当成大事做，你才能更优秀

小事成就大事，细节决定成功。认真做事只是把事情做对，用心做事才能把事情做好。看不到或不把小事当回事的人，对工作缺乏认真的态度，对事情只能是敷衍了事；而注重小事的人，不仅认真对待工作，而且注重在做事的细节中找到机会，从而使自己走上成功之路。

李磊和韩冰是同班同学，大学毕业后，都找不到适合自己的工作，于是他们降低了求职要求，到一家普普通通的小公司去应聘。终于，他们留了下来。他们本以为可以在这家公司好好干一番成就，可是现实却远远超出了自己的预料。虽然他们是大学生，但是公司里的领导和同事并不怎么在乎他们，只是让他们干一些杂活。

李磊压根看不上这份工作，但他也愿意留下来与韩冰一起干一段时间。出于这种心态，他上班拖拖沓沓，懒懒散散，每天面对领导和同事给他的工作，他总是敷衍了事。起初的一段时间里，老板认为他刚大学毕业，缺乏生活锻炼，加之工作很难找，也就非常同情这位大学生的遭遇，于是便原谅了他。然而，李磊心里对这份打杂的工作抱着很强的不满情绪，每天都在应付，缺乏积极主动性。结果，刚干满一个月，李磊便彻底打消了继续做下去的念头，辞职后又回到社会上，重新开始找工作。当时，各工厂、企业都在裁员，哪里还有适合他的工作呢？因此，他不得不依靠父母救济度日。

韩冰不同，他跟李磊的心态是完全相反的。在工作中，韩冰抛弃了自己大学生的身份，全身心地投入到工作中，每天他都处于忙碌的状态，不仅尽力完成老板和同事给他的零碎活，还主动要求帮助同事做事情，他觉得这是一种历练，在忙碌的过程中他能学到很多的东西，也拉近了自己跟集体的距离。除此之外，韩冰还主动打扫办公室，自从他来到公司之后，整个公司的氛围就完全不同了，一切看着是那么的有生机。三个月后，因为他工作认真负责，老板便给他转正成了正式的员工，他有了自己的工作项目。尽管如此，韩冰依然抱着一种认真负责的态度，在工作中不断求进步、求发展。一年后，他成为了公司的部门经理。

工作之中无小事，端正自己的工作态度，把小事当成大事认真地去做，不放过每一个细节。只有这样才能借助平凡小事的力量推进工作进度，做出不平凡的业绩。职场新人只有认真做好每一件小事，才能一步步地提升自己，一步步迈向成功。

1.摆脱无视小事的观念

在工作中要想取得成功，就要善于捕捉身边的每一次机会。而机会就蕴藏在每一件小事之中，当你稍不留神就会稍纵即逝。在这里要纠正一些人的错误观点：他们认为为了一点小事而停留不值得，是在浪费时间和金钱，其实这个时候摆在你面前的机会也随之溜走了。

2.对细处也要认真对待

在工作中关注小事，反映的是一种忠于职业操守、尽职尽责、认真负责、一丝不苟、善始善终的职业道德和精神，也包括了一种使命感和道德责任感。认真对待每一个细节，把每一件小事做得很完美，我们才有机会在工作中铸就自己的辉煌。

3.心态一定要放正

一个人在面对小事时的心态端正与否，是这个人日后能否成就大事业的重要标准。如果处处和别人争胜、攀比，而不能静下心来认真面对自己工作中的小事，抱有“眼高手低”的态度来工作，是不能做好本职工作的。

4.立足实践，点滴积累

用做大事的心态从点滴小事做起，计划好每天的工作，写好工作备忘录，一件一件去做。只有在做小事的过程中增长见识和智慧，在大事临头的时候才会从容不迫地完成它。所以，我们要用做大事的心态，将小事做到尽善尽美。

社交心理策略

细节决定成败，小事决定大事。百姓开门七件事，柴米油盐酱醋茶，没有一个是经国大计，却不能为任何人所忽视。一个马掌钉决定了一场战争的胜负就是最好的例子。我们要明白，未来最终改变世界、影响人们生活的技术，都是从小事发展起来的。

精益求精，千万别马虎糊弄

王婷婷是一个非常有才能的女人，她今年33岁，是某公司的销售总监，在这个位子上已经稳坐四年了。面对驾轻就熟的工作，王婷婷渐渐地放松了神经，失去了刚参加工作时的热情、专心与勤奋，部门业绩连续几个月下滑，一些散客户纷纷撤资。有个新来的下属谭明月提出了个建议，可是王婷婷很是不以为然，依然我行我素。自己经手了多少百万的大订单，一个新来的黄毛丫头知道什么。

突然有一天，公司的总经理宣布了一个惊人的消息：鉴于这几个月业绩下滑的现象，公司决定出台一项新的竞争政策，以此激励大家做好对策，挽救公司损失。由于公司新来的谭明月在业绩及能力方面表现优于常人，公司决定给三个月的时间让王婷婷和谭明月共同竞争销售总监这个位置，谁的企划好、业绩高，公司就将选择谁做这个销售总监。

一听到这个消息，大家都惊讶的不得了，尤其是王婷婷，她觉得这简直是一件不可理喻的荒唐事。但是没办法，公司最近的状况摆在面前，政策一出，自己也只能照办。一直以来，王婷婷从没看得起谭明月，殊不知她的确有两手。在愤愤不平之际，王婷婷才发现谭明月已经快速行动起来了。职场不相信眼泪，王婷婷如梦初醒，投入了前所未有的精力在这场竞争当中。三个月过去了，王婷婷惊喜地发现，自己这三个月创造的业绩竟然是平时的两倍。在与谭明月的竞争中，两人可谓是持平。与此同时，其他部门的员工也都倍感压力，业绩纷纷飙升，公司状况大为改观。

但是结果却让王婷婷大失所望，宣布竟聘结果那天，经理代表公司把销售总监的位子授予了业绩与能力与之旗鼓相当的下属谭明月。大家都非常震惊，也为王婷婷感到惋惜，这时，总经理说："非常欣慰，我们的业绩提升了上来。在这次考核中，王婷婷与谭明月都做的非常出色，可以说是不相上下。但是为何我们决定把这一职位给谭明月呢？相信大家也看到近来的状况，如果不是过去一段时间的懒散与马虎，我们也不会有这次考核。但是在前段时间的观察中，我发现王婷婷同志明显的有了消极怠工的状态，而谭明月却在工作中一直精益求精，有很大的干劲和潜力，这种工作态度定会带动大家不断上进。当然，在以后的工作中，我们还会继续对大家进行考核，高职位是留给有能力、有态度、有干劲的人的。”

一般人认为还可以接受的水准，对于认真工作、渴望成功的人而言，却是无法接受的低标准，他们会努力超越其他人的期望。在这样的追求过程当中，只要不是出类拔萃的表现，都不可能让人获得满足、让人心安理得。在工作中，我们一定要记得把自己的目标逐步提升到一个新的高度，让自己尽可能完美的去挑战一次次任务。

对待工作，如果你一直抱着马虎态度或者处于懒散的状态，那么你的职位将会不断地下滑，你的能力也会随之退化。所以说，我们一定要保持精益求精的态度，让自己处于不断提升的过程中。

1.不可忽视小事情

不要因为事情很小就不去做它，哪怕小到随手关闭一个水龙头，都应该及时地去做。这些恰恰培养了一个人严谨的作风、一丝不苟的性格，而这正可以促使一个人更快地走向成功。每个人的生命里都会遇到一些小事情，我们要及时地把它们做好，因为它们是走向成功的垫脚石。

2.要有竞争意识

其实，在生活中我们应该感谢我们的对手，有对手才会有竞争，有竞争才会有发展。竞争能激发人的潜能和创造精神，它使我们集中精神、全力以赴地迎向挑战。对手就像一面镜子，映照出自身的美好与不足，我们要学会欣赏对手并学习他们的优点。

3.要有强烈的责任感

有些员工本来具有出众的能力，但却由于没有责任感，不能够把工作做到位，结果使自己逐渐走向平庸。而另外有一些人，刚开始时在工作中表现并不出色，但他们对工作却有着强烈的责任感，始终追求精益求精，结果，这些人最后在事业上取得了巨大的成就。

社交心理策略

世界上有完美吗？答案是没有。但你自认为做好万全准备时，你就能保证事情一定会成功吗？不能，因为谁也无法保证下一刻会发生什么。就像那句广告语：一切皆有可能。其实任何事情都会有漏洞和缺陷，哪怕再有把握的事情，没有到最后一刻，我们也决不能放松。

多充电，时刻跑在别人的前面

在工作中，我们随时都有可能会遇到棘手的问题，或者接触自己不擅长的领域，只有一个方法可以攻克这些问题，那就是持续不断地学习。学习与工作相关的知识或技能，工作起来才会更加得心应手，自身的职业竞争力也会在学习中得到提升。

老李一直是个精力充沛的人，他喜欢需要动手的工作，他的业余爱好是艺术和体育。他上中学时，对大学预备班课程没有兴趣，但是喜欢学习理科、体育和艺术方面的课程，而且成绩突出。

在十九岁那年，老李找到了自己的第一份工作，成为了一名装配工人，任务是将不同的电子元件组装在一起，每月工资是八百元。没多久，老李就成了工厂里最厉害的装配工，他总是在不断掌握着新技术，复杂程度是那些老员工没法比的。老李是一个很有技术天分的人，每当厂子里的机器出现毛病时，老李总是轻而易举的就把问题解决了，很快，大家都把他当成了老大式的人物。在厂子里呆了两年，老李从没感到厌倦，他已经成为了一名资深技工，但是老李却也不甘心一直做个装配工，他觉得自己应该往上爬，追求管理层职位。与此同时，老李也明白，自己的学历不够，知识面不够广，想要升职必须克服这一关。即便是以后跳槽，那也得有一定的知识储备。于是，老李果断报了培训班，利用晚上及周末的时间去学习知识。经过三年的学习，老李文化层次不断提升，工厂需要的证书也一应俱全。很快，他被提升为车间主任，月薪四千元，在当时来说，已经是一笔大收入了。这大大地改善了老李的生活状况，并且让他更有财力去发展自己的爱好。

俗话说：学无止境。职场不应该成为学习的终点，而应该成为另一种学习的开端，因为在职场上，我们不用再学用处不大的课程，而是学习适用于社会的技能。现在的社会竞争越来越激烈，这就要求每个人都要有着较强的能力，这样才有可能在这社会上有一个立足之地。

此外，在公司中，常常会听到有人抱怨薪水太低、怀才不遇。殊不知，自己正处于一个可以学习的地方，如果只是一味地抱怨，永远也不会有所长进，只有安心学习，在工作中不断提升自己，才能成就自我。

多为自己充充电，你才能掌握瞬息万变的信息，一方面对工作有利，另一方面在人际交往上也会有丰富的谈资。能够适时地参与大家热衷讨论的话题，有利于巩固与上级和下级乃至合作伙伴的关系。所以说，学习，百益而无一害。

多学习多充电的方法有很多，我们可以参考以下几点：

1.保持谦虚的心态

只有永远保持这种谦虚心态，才能不断发掘自己的潜力，迈进成功的殿堂。要意识到每个人都有向他人学习的需要，不要骄傲自满。你身边的每一个人都可以成为你的学习对象——你的老板、同事、下属、客户，包括公司的清洁工，他们身上都有你可以借鉴的东西。

2.养成爱读书的好习惯

书籍蕴含着千百年来人类的智慧与理性，正因为其中的人性之处，才使得一些书所以伟大，所以灿然有光。书籍是一种工具，它能在黑暗的日子鼓励你，使你大胆地走入一个别开生面的境界，使你适应这种境界的需要。

3. 接受再教育

当公司不能满足自己的学习要求时，也不要闲下来，可以自掏腰包接受再教育。当然要首选与工作密切相关的科目，另外还可以考虑一些热门或自己感兴趣的科目。这类培训更多意义上被当作一种“补品”，是你提升个人经验价值、成就未来事业的关键。

4.有自己的一技之长

人们说：“离开谁，地球都会转。”其实不然，如果你把自己变成太阳、月亮，那你就是影响地球旋转必不可少的力量，到那时离开你地球真的不转了。工作也一样，你的技能水平就是你立足的平稳保证。努力学习吧，使自己的一技之长变成企业中生存的优势。

5.带着“饥饿感”向前冲

生命如流水，急流只有在奔向前去的时候，才美丽，才有意义。饥饿感是一种向上的状态，往往只垂青于奋发上进的生命。所以每一个人都要记得像头狼一样，带着饥饿感奔跑，猎取我们毕生都用不尽的财富。

社交心理策略

生活中的一个无法回避的事实是，每一个人的能耐总是十分有限，没有一个人样样精通，所以，人人都可以在某些方面成为我们的老师。当我们自以为拥有一些才艺时，我们要记住，自己还十分欠缺，而且会永远有所欠缺。多学习，才能少走弯路；多学习，才能为人敬重。

参考文献

[1]郑秀.人际交往心理学大全集[M].北京：中国华侨出版社，2012.

[2]王丽晶.心理学与社交技巧[M].北京：中国法制出版社，2015.

[3]刘佰龙.心理学与社交策略[M].北京：中国纺织出版社，2014.

[4]余林 .不怯场不犯怵：超级社交心理学[M].北京：民主与建设出版社，2015.